ET

PROCÈS - VERBAUX

DES

SÉANCES ET DÉLIBÉRATIONS

DU

CONSEIL GÉNÉRAL

SESSION D'AVRIL 1899

TOURS

IMPRIMERIE E. ARRAULT ET Cie

6, RUE DE LA PRÉFECTURE, 6

—

1899

LE
SOCIALISME
ET LA
SCIENCE SOCIALE

LE SOCIALISME

ET LA

SCIENCE SOCIALE

PAR

GASTON RICHARD

Agrégé de philosophie. Docteur ès lettres

DEUXIÈME ÉDITION REVUE

PARIS

ANCIENNE LIBRAIRIE GERMER BAILLIÈRE ET Cⁱᵉ

FÉLIX ALCAN, ÉDITEUR

108, BOULEVARD SAINT-GERMAIN, 108

1899

INTRODUCTION

Dans les lignes qui vont suivre, on ne se propose point de faire œuvre de polémique, mais, autant que possible, œuvre de pur examen. On ne considérera pas le socialisme comme un parti qu'il faille ou combattre ou servir, mais comme un état d'esprit confus qu'il importe d'élucider.

Sous le nom de socialisme, on entend fréquemment désigner la remarquable aspiration à la solidarité qui caractérise notre temps et qui agite non seulement les ouvriers et les employés, mais encore les travailleurs improductifs des classes libérales ou des administrations publiques et même les petits capitalistes. Syndicats ouvriers et agricoles, sociétés de secours mutuels, sociétés coopératives de consommation et de production : tels sont les signes de cette aspiration, dont l'objet incontestable est *l'atténuation de la concurrence économique*.

L'atténuation de la concurrence n'est pas une expression vague. L'état social ainsi désigné consisterait en ce que les capacités supérieures pussent se déployer sans nuire aux capacités inférieures et même en servant l'intérêt commun et le progrès général. A cet égard, la concurrence économique est une concurrence atténuée si on la compare non seulement à la lutte pour la vie qui sévit entre les animaux, mais aux diverses formes de la lutte qui ont mis aux prises les races humaines, la lutte pour les fruits spontanés de la terre entre les tribus sauvages, la lutte pour la terre arable et ses produits qui tient une si grande place dans l'histoire jusqu'à une date assez rapprochée. Elle a pour domaine tout le champ des échanges, échanges des produits, échanges des services. Or l'échange suppose deux choses qui excluent la concurrence illimitée : l'une est la division du travail ou coopération complexe, l'autre est la juridiction ou souveraineté. Les échanges supposent une division des occupations poussée plus ou moins loin ; ils se font indirectement par des contrats d'espèces différentes, vente, louage, prêt, mandat, société, gage, crédit, etc. Or l'exécution régulière des contrats suppose une organisation judiciaire et l'interdiction des agressions réciproques.

La concurrence économique, résultat elle-même d'atténuations antérieures, est donc susceptible d'être à son tour atténuée, puisque, dans l'état actuel, il est encore faux de dire que la supériorité des uns se déploie sans jamais léser la personnalité et la propriété des autres. L'association est incontestablement un moyen de développer la solidarité et de provoquer de notables atténuations de la concurrence. Soit que dans les syndicats elle unisse en vue de la résistance les forces d'ouvriers et d'employés similaires, soit que dans des sociétés coopératives et des sociétés de secours mutuels elle groupe pour l'épargne et la division des risques, pour la diminution des frais de l'existence, parfois pour la production elle-même, d'immenses sommes de petits capitaux, elle met le concours mutuel et l'organisation spontanée à la place du désordre et de l'incohérence (1).

Cette atténuation de la concurrence, cette aspiration puissante à la solidarité fait-elle

(1) Rappelons que d'après l'*Office du travail* le nombre des associations syndicales s'est élevé de 175 en 1884 à 5.146 en 1895; le nombre de leurs membres, de 481.433 en 1891 à 979.098 en 1895; il y avait 20 unions de syndicats en 1884, 126 en 1894. — On sait que les sociétés de secours mutuels comptent plus de 1.400.000 membres. — Certaines associations fraternelles, telles que celles des employés des chemins de fer, ont 80.000 membres avec un capital de 18 millions.

présager la disparition prochaine ou future de la propriété privée? Fait-elle au moins présager la disparition des entreprises privées et l'abolition du droit de posséder des capitaux, des moyens de production, des instruments de travail?

Le groupement des travailleurs et des petits capitalistes nous conduit-il à un état social où la collectivité serait, sinon chargée de répartir les fruits du travail également entre ses membres, du moins mise en possession du sol et de tous les moyens de produire?

Si pour beaucoup d'esprits le socialisme ne désigne pas autre chose que le progrès de la solidarité et l'ensemble des sentiments et des dispositions propres à favoriser ce progrès, pour beaucoup d'autres il désigne la négation de la propriété et de l'entreprise privées ainsi que la guerre au capital et à l'épargne.

Ces deux aspects de la démocratie sociale sont-ils inséparables? Existe-t-il une opposition naturelle entre la solidarité et la personnalité? Du développement de la première faut-il conclure à la disparition inévitable, plus ou moins rapprochée, de la propriété et de l'initiative individuelles? Tel est le problème dont l'examen va faire l'objet de cette étude.

Ce problème, qui constitue toute la question sociale et qui prend bien d'autres formes, notamment en morale et en politique, pourrait à la rigueur ne pas arrêter les esprits si nous n'avions devant nous qu'une illusion populaire. Il suffirait de montrer que la solidarité, c'est pratiquement l'association par la division des risques et qu'il n'y a pas aujourd'hui de solidarité effective sans un effort pour constituer des épargnes et sans l'union d'initiatives et de risques individuels. Les ouvrages élémentaires d'économie politique se sont suffisamment acquittés de cette tâche.

Mais aujourd'hui le raisonnement qui conclut de l'atténuation de la concurrence, à la disparition de la propriété capitaliste, prend une forme scientifique en apparence rigoureuse. Non seulement les lois abstraites de la valeur, mais l'histoire générale de l'humanité, l'ethnographie et l'étude des hommes préhistoriques sont appelées à témoigner en faveur des conclusions collectivistes.

C'est surtout la valeur de ces arguments et l'autorité de ces prévisions qui feront l'objet de notre étude.

On voit aisément dès lors comment elle se divisera. Nous devons procéder d'abord à un historique du socialisme, à une exposition de ses variations. Nous suivrons pas à pas, quoique sommairement, vu le cadre imposé à ce travail, ses efforts pour se constituer comme une histoire et une prévision des faits sociaux. Nous soumettrons ensuite ses arguments et ses inductions à une critique ; enfin nous porterons une conclusion sur les principaux aspects du problème.

LE SOCIALISME

ET LA

SCIENCE SOCIALE

PREMIÈRE PARTIE

Historique et analyse du Socialisme

CHAPITRE PREMIER

LE SOCIALISME DISTINGUÉ DE L'ÉCONOMIE CHRÉTIENNE ET DE LA NATIONALISATION DU SOL

Le terme *socialisme* n'est pas clair par lui-même, et les définitions qu'en ont données ses partisans ne sont pas de nature à en faire mieux comprendre le sens. « Le socialisme n'est que la balance des produits et des services », écrit Proudhon ; à cette définition déjà obscure Engels oppose cette autre vraiment sibylline : « Le socialisme est le reflet dans la pensée du conflit qui existe dans les faits entre les forces productives et les formes de la production. »

Toutefois une certaine idée, au moins négative, est universellement attachée à ce terme ; le socialisme se définit aisément par son contraire, la concurrence économique. On ne risque pas de se tromper en en formulant ainsi l'idée maîtresse. *Le socialisme est la notion d'un état social et d'une organisation économique sans concurrence.*

Le socialisme ainsi entendu, on peut être tenté de le confondre avec deux conceptions assez différentes : la charité appliquée à l'ordre économique, ou l'*économie chrétienne*, et le système de la *nationalisation du sol*. Au début de notre étude, nous devons écarter les équivoques grâce auxquelles nous entendons souvent parler d'un socialisme chrétien et d'un socialisme agraire.

I. — Le christianisme, durant son règne quinze fois séculaire, n'a pu manquer d'exercer une certaine action sur les phénomènes économiques. On peut donc parler d'une économie chrétienne, bien que les traits, comme nous le verrons, en soient des plus vagues. En revanche, il n'existe pas, il ne peut exister de socialisme chrétien. On ne peut être socialiste sans être infidèle aux idées chrétiennes, et chrétien sans être infidèle aux idées socialistes.

Si l'on veut connaître l'économie chrétienne, il faut évidemment consulter d'abord le Nouveau Testament. Or elle s'y ramène à deux principes, l'un placé par l'Evangile dans la bouche de Jésus lui-même. « Prêtez sans exiger d'intérêt : *Mutuum date, nil inde sperantes* (1). » L'autre qui se lit dans les épîtres de saint Paul : « Celui qui ne veut pas travailler ne doit pas manger. » Il semblerait que le socialisme pût interpréter ces principes en sa faveur.

______

(1) *Saint Luc*, ch. vi, 35.

Mais le christianisme n'a jamais répudié la morale de l'Ancien Testament. Or le décalogue prescrit expressément le respect de la propriété.

Dès lors, il importe de chercher quelle a été la doctrine et la pratique des Églises chrétiennes, en ne tenant point compte des sectes éphémères, tels que les taborites et les adamites de Bohême ou les anabaptistes d'Allemagne.

Deux points sont hors de doute. Les Églises chrétiennes, l'Église catholique notamment, n'ont jamais admis que le droit de propriété fût, comme le voulaient les jurisconsultes, un droit absolu; elles y ont vu un ministère responsable devant Dieu. Le propriétaire, selon la conception chrétienne, est l'*économe du bien des pauvres* (1) chargé par Dieu d'administrer une portion du patrimoine commun, sous le contrôle effectif de l'Église.

En second lieu, l'Église catholique n'a jamais admis l'intérêt de l'argent. A dater de Charlemagne, dès qu'elle eut constitué un pouvoir séculier à son image, le prêt à intérêt fut interdit aux chrétiens sous le nom d'usure, et la peine de l'usure était la confiscation.

Toutefois, ceux qui sur la foi des apparences assimileraient au socialisme la théorie chrétienne de la répartition des richesses commettraient la plus grave des méprises.

La doctrine chrétienne voit dans le travail un châtiment du péché originel, un châtiment dont l'homme ne peut s'exempter; elle fait de la pauvreté un moyen d'assurer le salut et de la richesse

____

(1) Jannsen, *l'Allemagne à la fin du moyen âge*, trad. fr., t. III, ch. III, VII.

un danger moral. Or le socialisme, dont, à vrai dire, les idées sur la dignité du travail sont assez vagues, pense tout autrement de la richesse. Il y voit un bien désirable ; il prétend la développer et en généraliser la jouissance (1).

Les deux doctrines se font du capital une conception très différente.

Les sermonnaires sont aussi violents contre l'usurier que nos orateurs socialistes contre les capitalistes. Le sermon de saint Grégoire de Nysse sur ceux qui prêtent à intérêt est, au style près, comme le modèle de ces harangues dont nos oreilles sont aujourd'hui fatiguées. Toutefois le christianisme proscrit seulement le commerce de l'argent ; encore ne l'interdit-il qu'à ses fidèles comme contraire à sa morale. Il ne proscrit pas l'épargne ; il ne proscrit pas le revenu foncier.

(1) M. Espinas énonce ainsi la différence du christianisme et du socialisme : « Au fond, c'était le problème qu'avaient agité Aristote et les chrétiens eux-mêmes, qui se posait de nouveau en d'autres termes. L'égalité absolue des personnes humaines étant posée à priori comme résultant soit de la volonté juste de Dieu, soit de la valeur absolue de la liberté métaphysique en chacun de nous (Rousseau), la richesse en tant qu'exclusive est immorale ; l'acquisition des biens de la terre ne peut se faire sans injustice au delà de certaines limites. Comment réconcilier la morale et l'économie ? Comment rendre le riche innocent ? Le christianisme d'accord avec l'antiquité avait répondu par condamnation de la richesse. Malheur aux riches ! avait dit le Christ après Platon. Le pauvre involontaire ou volontaire avait reçu la promesse d'un bonheur sans bornes, dans une autre vie. D'où les couvents. Le même problème allait recevoir une solution toute différente. Le socialisme sanctifie la richesse en lui ôtant tout caractère individuel. Il en fait la propriété de tous. Quant au bonheur, il le promet dès ici-bas à ses adeptes. » (*Histoire des doctrines économiques*, Colin, éditeur, p. 332.)

Un problème de droit et d'économie se posa à cette occasion à la conscience du moyen âge. Le bail à rente était-il interdit par les canons ? Les papes tranchèrent la question dans le sens de la négative. « L'interdiction du prêt à intérêt, écrit un historien du droit français, fondée sur l'interprétation littérale d'une parole du Sauveur, a joué depuis la période carolingienne un rôle considérable dans notre histoire économique : elle a puissamment contribué au grand développement des rentes constituées. Il était interdit de prêter une somme d'argent moyennant intérêt (l'intérêt était appelé *usure*) ; mais on pouvait donner cette somme d'argent et stipuler que le preneur et ses ayants cause paieraient à perpétuité une rente assignée sur tel fonds produisant des fruits. C'est ce qu'on appelait acheter une rente. La création d'une pareille rente était, en général, permise par les théologiens (permise, mais déconseillée, car ces rentes avaient une couleur usuraire). Quant aux rentes, non pas assignées sur un fonds, mais constituées sur la personne, elles étaient dans l'opinion générale illicites et rigoureusement interdites. En Allemagne, ceux qui devaient des rentes assignées sur leurs biens s'avisèrent, au xv° siècle, de soutenir que ces rentes étaient usuraires et refusèrent de payer les arrérages : Martin V et Calixte III, consultés, déclarèrent, en 1420 et en 1455, ces sortes de contrats justes et légitimes ; mais il s'agissait toujours exclusivement des rentes constituées assignées sur des fonds (1). »

(1) Viollet, *Précis de l'histoire du droit français accompagné de notions de droit canonique,* p. 582. Paris, Larose et Forcel.

Les canons n'interdirent jamais le contrat de cheptel. Le chrétien put s'enrichir du croît et de la laine de ses troupeaux, et le cheptel fut au moyen âge la grande forme de l'épargne. Or le cheptel est, comme le nom seul l'indiquerait et comme l'histoire du droit le prouve, la racine du capitalisme moderne (1).

Le socialisme, au contraire, prétend proscrire le revenu tiré de la location ou même de l'exploitation directe d'un fonds de terre ainsi que le profit tiré de la location d'un instrument de travail. L'ennemi pour lui n'est pas seulement l'usurier, c'est l'employeur, l'entrepreneur.

N'ayant point pour objet la discussion de l'économie chrétienne, nous nous abstiendrons de chercher quelles chances elle a de se restaurer dans l'avenir. Le fait est que les doctrines chrétiennes n'ont pas arrêté les transformations économiques dans le passé et que, même pour les chrétiens les plus zélés, le principe « Prêtez sans stipuler d'intérêts » a cessé d'être considéré comme un devoir.

Si nous voulons mesurer l'influence sociale et économique du christianisme, nous devons nous attacher à distinguer l'influence apparente et l'influence réelle.

On a attribué à l'action de l'esprit chrétien la naissance de deux institutions, que l'histoire du moyen âge rous montre florissantes : l'une est la famille associée dans l'indivision, la communauté taisible, ou, comme la nomme Le Play, la famille souche ; l'autre est la corporation.

(1) Viollet, *Précis de l'histoire du droit français*, p. 650.

Ces deux institutions n'existent plus en Europe, sauf dans des pays de religion grecque, chez les Serbes et les Russes ; l'une est la *zadruga* du Yougo-Slave, l'autre l'*artel* russe. Or, bien loin d'être propres aux sociétés catholiques, ces institutions ne sont propres ni aux sociétés chrétiennes ni même aux sociétés monothéistes.

La famille associée, la communauté taisible a été observée dans l'Inde (1), et visiblement elle existait en Grèce. « La critique moderne, écrit un historien (plutôt favorable à l'école de Le Play), perçoit non sans effort, mais avec certitude, derrière le rideau du droit romain classique ces vieilles communautés taisibles dans le monde romain : on les rencontre aujourd'hui encore dans l'Inde. Elles existaient parmi les anciens habitants de l'Arabie, on les retrouverait chez tous les peuples (2). »

Quant à la corporation, quant aux collèges d'artisans et d'ouvriers, ils existaient dans l'empire romain et dans le monde grec avant la diffusion du christianisme (3) ; ils existent encore dans les pays musulmans ; c'est surtout dans les sociétés chrétiennes occidentales que leur décadence a été complète.

Le catholicisme a mis son empreinte sur les corporations du moyen âge ; il les a pénétrées de son esprit et les a soumises à sa discipline ; il est faux qu'il les ait créées. Ce point n'aurait jamais été mis en doute, si l'on était plus habitué à

(1) Sumner Maine, *Etudes sur l'ancien droit et la coutume primitive*, trad. fr., ch. VIII. Paris, Thorin.
(2) Viollet, *Précis de l'histoire du droit français*, p 641.
(3) Foucart, *Associations religieuses chez les Grecs*, 1874.

appliquer la méthode comparative aux faits sociaux.

L'influence réelle des Églises chrétiennes sur l'organisation économique fut bien différente. Les historiens du droit sont unanimes à reconnaître que l'Église a initié les peuples barbares, les Celtes, les Germains, les Slaves, au respect du contrat et du testament. Or ces deux institutions contenaient en germe la société qu'on est convenu d'appeler bourgeoise et capitaliste. L'intérêt de l'Église était que les conventions et les testaments fussent respectés, et c'est ainsi que, grâce à l'usage des legs pieux, elle accumula de grands biens. Mais aucune puissance ne peut arrêter les effets des habitudes qu'elle-même a formées. L'habitude de tester et de contracter donna lieu à des relations économiques incompatibles avec le maintien des communautés taisibles et des corporations. Bien plus : un commerce développé ne peut se passer de l'escompte et des institutions de crédit. Au cœur du moyen âge, les banques apparurent en Italie, puis dans les villes hanséatiques et les républiques marchandes des Pays-Bas et de l'Allemagne du Sud. Mais, si l'escompte est légitime, comment l'intérêt qui n'en est pas différent serait-il condamnable? Ainsi périt l'ancienne économie chrétienne. La ruine en était inévitable du moment que le respect des contrats était devenu général, et j'admire la foi robuste de ceux qui pensent qu'elle pourra être restaurée (1).

(1) L'école catholique préconise pour préluder au rétablissement de la corporation le syndicat mixte de patrons et d'ouvriers. Avec quel succès les chiffres suivants en rendront compte! D'après l'*Office du travail*, ces syndicats étaient, en 1895, 173 sur 5.146 et comptaient 31.126 membres sur un total de 979.098 syndicataires.

Aujourd'hui, deux théories se disputent, bien qu'avec un succès très inégal, l'approbation de ceux qui croient devoir chercher l'application des principes de l'Église catholique aux relations économiques ; l'une est la théorie de Le Play ou de la Réforme sociale, l'autre est la théorie de Buchez et de Ott.

Le Play, auteur des *Ouvriers européens*, a étudié minutieusement la condition des travailleurs urbains et ruraux de l'Europe. Sa préférence va aux vestiges des organisations du moyen âge encore subsistants en Suisse et dans l'Europe orientale. Pour les populations rurales la famille souche, préservée par la liberté de tester de l'obligation de partager le patrimoine entre les enfants, pour les ouvriers de l'industrie le régime corporatif, tel est son idéal ; il implique la restauration de l'éducation chrétienne et la prédominance politique des « autorités sociales », c'est-à-dire des membres du clergé et des grands propriétaires fonciers.

Rien de moins socialiste, comme on le voit ; l'école de Le Play aspire plutôt à une restauration de la société féodale.

L'école de Buchez, lequel fut un des fondateurs du parti républicain en France, a un tout autre idéal : elle rêve de remettre aux mains de l'ouvrier l'instrument de travail en constituant une association ouvrière de production à capital inaliénable. Le rôle de la foi catholique est de poser les conditions morales de cette association, car les auteurs n'ont aucune confiance dans l'efficacité de la morale rationnelle (1).

(1) Ott, *Traité d'économie sociale*, 2ᵉ édit. Fischbacher, 1892.

Socialiste, l'école de Buchez et de Ott l'est en un sens : elle ne croit pas que la propriété des instruments de travail et l'héritage soient fondés sur le droit rationnel ; elle n'y voit qu'un *monopole*, mais qui disparaîtra quand l'égalité et la liberté réalisées dans la société religieuse par le christianisme, dans la société politique par la Révolution française, auront modifié enfin la société économique (1).

Catholique, cette doctrine paraît l'être, non seulement par les convictions personnelles de ses auteurs, mais encore parce qu'ils repoussent la légitimité du prêt à intérêt. Toutefois ils paraissent s'écarter de l'orthodoxie en un point très grave. Ils professent une philosophie de l'histoire selon laquelle la Révolution française serait une manifestation de l'esprit catholique. Ici ils ont contre eux, non seulement les démocrates (c'est en partie pour les combattre que Michelet a écrit son histoire de la Révolution), mais, chose plus grave à leurs yeux, les décisions des papes. Le libre penseur le plus convaincu peut admettre que dans l'interprétation du catholicisme, les papes sont infaillibles. Or la Révolution a été à vingt reprises condamnée par eux. Léon XIII, dans l'encyclique *Immortale Dei*, ne tient pas un autre langage que Pie IX, que Grégoire XVI, que Pie VI (2).

(1) Buchez, *Introduction à la science de l'histoire*. Paulin, 1833.

(2) « Les pernicieuses et déplorables innovations que vit naître le xvi° siècle, après avoir bouleversé l'économie de la religion chrétienne, arrivèrent bientôt par une pente naturelle à porter le trouble dans le domaine de la philosophie, puis dans tous les rangs de la société civile. De là sont sortis comme de leur source de nouveaux

Il ne pouvait en être autrement. La Révolution repose sur la notion d'une justice immanente à l'humanité et aux sociétés humaines. Selon l'Eglise au contraire, la justice est transcendante et réside dans la volonté divine, manifestée ici-bas par le chef visible de l'Eglise. Or autre chose est faire appel à une tolérance mutuelle qui permettrait aux partisans de ces doctrines opposées de remplacer la guerre par une émulation en vue du bien social, autre chose leur demander de confondre leurs principes dans je ne sais quelle formule équivoque.

Des vues telles que celles de Buchez et de Ott s'accordent mieux avec le protestantisme qu'avec le catholicisme. Le protestantisme a donné trop d'autorité à la conscience individuelle pour pou-

systèmes de liberté sans frein que *les grandes perturbations du siècle dernier* virent éclore et se produire comme étant les principes fondamentaux du *droit moderne*, droit inconnu jusqu'alors et qui se trouve sur plus d'un point *en désaccord non seulement avec le droit chrétien, mais avec le droit naturel.* Voici le premier de tous ces principes : tous les hommes étant semblables, puisqu'ils sont de même race et de même nature, doivent être égaux les uns aux autres dans la pratique de la vie. Chacun d'eux relève si complètement de lui-même qu'il ne saurait d'aucune façon être soumis à l'autorité d'un autre et qu'il peut, en toute liberté et sur toute chose, penser comme il le veut, agir comme il lui plaît. Personne n'a le droit de commander aux autres. *Dans une société fondée sur ces principes, l'autorité du gouvernement réside uniquement dans la volonté du peuple, lequel ne dépend que de lui-même et est son propre et unique souverain. Il choisit ceux qu'il établit les mandataires de son pouvoir. Mais, en agissant ainsi, il ne leur transfère pas proprement le droit du commandement : il leur délègue plutôt la fonction qu'ils devront exercer en son nom. La souveraineté de Dieu est passée sous silence exactement comme si Dieu n'existait pas ou s'il ne s'occupait en rien de la société du genre humain.* » (Encycl. *Immortale Dei*, du 1er nov. 1885. Traduct. de R. P. Constant, frère prêcheur.)

voir s'allier avec le collectivisme. D'un autre côté, les excès de la concurrence économique mettent invinciblement obstacle à la réalisation de l'idéal évangélique. Pour concilier la liberté avec la solidarité, il faut chercher une formule supérieure. Les protestants soucieux des problèmes sociaux, parmi lesquels nous citerons MM. Gide, Louis Comte et de Boyve, croient la trouver dans la coopération. Ils l'entendent, il est vrai, non dans le sens large qu'y a attaché la sociologie, mais dans le sens plus étroit d'un groupement progressif de sociétés coopératives de consommation et de production. D'où viennent les excès de la concurrence ? De deux causes, selon M. Louis Comte : d'un côté, la production ne se règle pas sur la consommation, d'où la périodicité des crises commerciales ; de l'autre, la scission de la production et de la consommation rend possible un prélèvement excessif au profit des intermédiaires. M. Louis Comte constate mélancoliquement que les sociétés coopératives actuellement existantes en France et sur le reste du continent se préoccupent plutôt d'assurer des avantages à leurs membres que d'améliorer l'état social, et il applique à ceux-ci le mot de Proudhon : « Associés pour eux seuls, ils le sont contre tout le monde. » Mais les sociétés anglaises sont plus vigoureuses et se montrent plus aptes à agir sur la production. L'auteur voit dans l'avenir les sociétés coopératives de consommation se groupant, traitant directement avec les producteurs, accumulant des réserves, commanditant d'abord les industries les plus nécessaires; puis des industries de luxe et créant enfin une république économique. Il appelle ce système « le socialisme coopératif et y voit « l'évangile en action (1). »

Ce système a pour lui, à certains égards, l'autorité de l'expérience. Les travailleurs n'ont rien obtenu là où ils n'ont pas pratiqué la coopération, et ils ont notablement amélioré leur condition matérielle et accru leur puissance sociale là où, comme en Angleterre et en Belgique, ils se sont décidés à la mettre en œuvre. Toutefois la théorie coopérative doit-elle être qualifiée de socialisme chrétien ?

Sans aucun doute, MM. de Boyve et Comte nous montrent une société sans concurrence qui serait comme la limite des efforts de l'humanité. Cette société, ils sentent qu'une réforme morale la rendrait seule possible. La coopération économique fait partie, à leurs yeux, d'un plan de relèvement social dont la morale évangélique, conçue à la façon de Channing, fournit les grandes lignes ; ils veulent l'enfance mieux protégée, la femme plus respectée, même par la loi. Mais ils diffèrent profondément des socialistes sur le point essentiel : l'organisation coopérative, sur laquelle ils fondent toutes leurs espérances, suppose que la propriété capitaliste sera respectée par l'Etat et que dans les mœurs les habitudes d'épargne prévaudront toujours davantage sur la tendance à la consommation immédiate. A leurs yeux, le capital n'est donc pas responsable des maux causés par la concurrence. Si nous ajoutons à cela que leur réforme

(1) *Travaux du congrès de Marseille.* Quatrième assemblée générale de l'Association protestante pour l'étude pratique des questions sociales, 1891. Rapport de M. Comte sur les résultats actuels et futurs de la coopération. Paris, Fischbacher, 1892.

morale tend surtout à accroître chez l'individu le souci de sa responsabilité, nous aurons achevé de montrer combien ils sont loin du socialisme vulgaire.

II. — Autant il est facile de distinguer le socialisme et l'économie chrétienne, autant il semble malaisé d'en discerner le système de la nationalisation du sol.

L'injustice de la propriété foncière, l'iniquité de la rente ou du fermage, l'excellence morale et économique de la propriété collective là où elle existe encore, tel semble être le point de départ du socialisme. La terre étant la source de toute richesse, il semble que, le droit de la communauté sur elle une fois reconnu, rien n'appartient légitimement à l'individu que ce que la société lui concède pour ses besoins.

Il est aisé de répondre à cela que, si tout socialisme implique la nationalisation du sol, il n'en résulte point que le droit de la société au domaine éminent de la terre implique le socialisme.

On peut ramener à trois les théories qui affirment les droits de la communauté sur les fonds de terre.

Selon la première à laquelle Henry Georges a donné son nom, l'Etat a droit à la rente du sol et peut se l'approprier, grâce à l'impôt. Cette idée est déjà en germe chez Proudhon (1) ; elle dérive en droite ligne des théories de Ricardo et des premiers économistes.

(1) Proudhon, *la Justice dans la Révolution et dans l'Eglise*, t. Ier, 3° étude, ch. VI, p. 313.

Selon la seconde, due à M. de Laveleye, la commune autonome est la forme naturelle de la société, et la commune n'est autonome que si elle est propriétaire de son territoire. Il faut donc préserver du morcellement les biens communaux là où ils subsistent et travailler à les restaurer là où ils ont disparu.

La troisième est celle de Spencer ; elle repose sur l'idée de justice. Les hommes ont un droit égal à l'usage des milieux physiques parmi lesquels il faut compter la terre. Mais les individus ne peuvent entretenir leur vie sans extraire du sol une subsistance proportionnelle à la capacité de chacun. Un compromis doit donc s'établir entre le droit de tous à faire usage de la terre et le droit de chacun à faire usage librement de ses facultés pour conquérir sa subsistance. Au stade supérieur de la civilisation, la terre est sans doute appropriée, mais, comme en Angleterre, l'État a le domaine éminent, les particuliers n'ont que le domaine utile, c'est-à-dire une tenure perpétuelle.

De ces trois théories, la dernière est la seule conséquente ; or elle se distingue nettement du socialisme.

Rien de plus vague que la théorie des sources de la rente foncière. Chaque économiste a la sienne. Toutefois, l'observation guide ici notre choix. L'homme, comme l'animal, doit vivre d'abord des produits spontanés du sol. Parmi ceux-ci, il faut mettre de côté les animaux, que l'homme ne peut capturer sans un travail. La production végétale spontanée, voilà donc le bien commun à tous. Mais les phénomènes naturels se produisent sans aucun souci du bien-être et de la subsistance de l'homme. Que vaut la végétation spontanée ? A peu près rien. On peut même dire que c'est une quantité négative. Il faut la supprimer pour produire. Celui qui défriche une terre en est à bon droit le propriétaire, car il ne prend rien à personne. Désormais, plus la fécondité naturelle du sol sera grande, plus le travail du cultivateur sera pénible. L'agriculture n'est guère qu'une lutte contre cette fécondité parasite et qu'un art de la détourner sur des productions utilisables. Le droit de la communauté à la rente ainsi entendue, à la productivité gratuite de la terre, ne pourrait être exercé logiquement que sur des ronces et des orties, sur les maquis de la Corse et les palmiers nains de l'Algérie. L'expropriation de la prétendue rente du sol consiste donc au fond à confisquer au profit de la communauté les fruits de ce travail de défrichement que l'agriculteur doit plus ou moins répéter annuellement. Le système de Georges, issu de Proudhon, est bien effectivement socialiste.

L'œuvre de M. de Laveleye sur *la Propriété et ses Formes primitives* (1) jouit encore d'une grande réputation, elle nous paraît toutefois loin de répondre aux véritables exigences de la méthode comparative. Ainsi l'auteur qui distingue minutieusement l'allmend suisse de l'allmend wurtembergeois étudie dans le même chapitre la propriété en Angleterre et en Chine (2).

Depuis cette publication, de consciencieux et lumineux travaux faits sur des communes auto-

____

(1) Paris. Félix Alcan, éditeur. 1 vol. in-8°.
(2) Ch. xxvii.

nomes restées très primitives ont permis de réduire à leur juste valeur les conclusions de Laveleye, conclusions d'ailleurs en contradiction avec les faits qu'il cite lui-même.

« La commune autonome, affirme-t-il, est la forme naturelle de la société (1). » Il en résulte que le progrès social ayant consisté à agréger des communes autonomes en sociétés plus étendues est contraire à la *nature*, cette dame complaisante, toujours prête à rendre l'oracle que l'esprit de système lui demande.

« La commune n'est autonome que si elle est propriétaire collective du sol. » Telle est la seconde idée du système. Mais les faits infligent à M. de Laveleye un démenti complet. Nulle part on ne trouve la commune rurale plus autonome que chez les Kabyles de l'Algérie. La *taddert* du Djurdjura, la *taqqueleth* de l'Aurès est, bien plus que la commune de la Suisse, de la Russie ou de Java, autonome, car jusqu'à une date très récente elle était souveraine. C'est chez elle que l'on peut observer les manifestations les plus touchantes de la sociabilité, la *anaïa*, ou assistance mutuelle, la *horma*, ou l'idée de la concorde comme source de l'honneur (2).

Or cette commune, non seulement ne se

(1) *La Propriété et ses Formes primitives*, p. 125.
(2) *Formation des cités chez les populations sédentaires de l'Algérie*, par E. Masqueray. Paris, Leroux, 1 vol. in-8°. Saisissons l'occasion de rendre hommage à l'exceptionnelle valeur de cet ouvrage, un de ces livres dont on délaisse la lecture pour celle des produits d'une sociologie d'ignorants et de charlatans, mais dont la connaissance est indispensable à quiconque veut comprendre la genèse des faits sociaux.

réserve point la propriété collective du sol, mais elle impose au particulier l'obligation d'enclore son héritage, anticipant ainsi sur la législation dont Laveleye fait un crime à la Convention (1). Il est vrai qu'elle revendique un droit illimité d'expropriation pour cause d'utilité publique (2). La lecture des *Kânoun kabyles* recueillis par Hanoteau et Letourneux, par Masquerey, par M. Sauteyra, réduit à néant le gros volume de Laveleye si l'induction est autre chose qu'un amoncellement confus de faits particuliers.

« La suppression de la propriété collective du sol communal est la cause de l'inégalité parmi les hommes et l'origine du prolétariat, » assertion finale de Laveleye. Mais ici encore l'observation de l'Algérie répond : il y a des colons partiaires, les Khammès, dans les villages kabyles, mais il y en a aussi dans les tribus arabes restées collectivistes.

« Bien que l'étendue du pays occupé par une tribu soit hors de rapport avec le nombre de ses habitants, on rencontre cependant des douar qui ne possèdent aucune partie du sol en propre. Les douar désignés sous le nom de *Ketâa* (pièce, morceau), ne comptent pas d'une façon fixe dans telle ou telle division de la tribu. Chaque année ils

(1) « Quiconque laboure le long d'un chemin de passage et n'entoure pas son champ d'une haie n'a aucune indemnité à réclamer quand ce champ est envahi par les animaux. » (*Kanoun des Beni-Kani*, art. 46. Masqueray, p. 312.)

(2) Si la djemâa a résolu de faire ouvrir un chemin sur la propriété d'un particulier, ce dernier a droit au remboursement de la valeur des arbres fruitiers, mais ne reçoit pas d'indemnité pour la terre. (*Kanoun des Çheurfa*, art. 41. Idem, p. 279.)

passent un marché avec une farka (fraction de tribu), louent sur son territoire la quantité de terres nécessaires à leur subsistance et se considèrent, pour ce temps, comme membres de la fraction de tribu avec laquelle ils ont traité. Ces douar, dont la composition est moins fixe que celle des douar de propriétaires, se recrutent dans la classe des fermiers qui, ayant acquis quelque fortune, désirent mener une vie plus indépendante. Ces fermiers mêmes se désignent ordinairement sous le nom de *Khammès* (de Koms cinquième), parce qu'ils ont droit au cinquième de la récolte, semences prélevées (1).

D'ailleurs, Laveleye lui-même nous fait juge du genre d'égalité que la propriété collective introduit entre les habitants d'une commune suisse.

Bien souvent le communal, *l'allmend*, n'est pas la propriété collective de l'ensemble des habitants de la commune ; il appartient par droit héréditaire à quelques familles, habitant la localité depuis un temps immémorial et constituant une véritable aristocratie. On pourrait aller jusqu'à dire que l'étude de *l'allmend* nous éclaire sur la distinction encore bien obscure des praticiens et des plébéiens, des eupatrides et du *laos* grec. Dans les petits bourgs de l'ancienne Attique et du Latium on se représente aisément des familles ayant la jouissance héréditaire du sol communal et de nouveaux venus réduits comme les Khammès à se faire leurs métayers.

D'un autre côté, là même où *l'allmend* est la

(1) Général E. Daumas, *Mœurs et Coutumes de l'Algérie,* p. 20. Paris, Hachette.

propriété collective de tous les habitants, c'est au riche, c'est au possesseur de bétail qu'il profite.

« Le principe qui préside ici (dans le canton d'Uri) au partage des produits des biens communs est celui des temps les plus reculés : à chacun suivant ses besoins ; seulement, comme les besoins varient, non d'après les nécessités des personnes qui sont à peu près les mêmes, mais d'après celles de chaque propriété particulière, qui diffèrent du tout au tout, il en résulte que les riches sont avantagés et les pauvres sacrifiés. *En effet, celui qui n'a pas de bétail ne tire rien de l'alpe. Pour celui qui a vingt ou trente vaches à y envoyer, c'est un revenu considérable...* Le principe général étant qu'on ne peut envoyer sur le pâturage collectif que le bétail que l'on a entretenu, l'hiver, dans ses étables, il en résulte que celui qui n'a pas de prairie à lui, pour récolter du foin, ne peut nourrir du bétail l'hiver, et ainsi au printemps il n'en a point à faire monter sur l'alpe. Pour mettre au moins certaines bornes au privilège des plus riches en troupeaux, on a décidé que nul ne pourrait faire monter sur l'alpe plus de trente vaches ou leur équivalent ; mais cela n'a pas suffi, et depuis longtemps, ici comme à Florence, à Athènes et à Rome, les *grands* et les *petits*, les *gras* et les *maigres* sont aux prises. Le débat a beaucoup de rapport avec celui qui mettait en lutte praticiens et plébéiens au sujet de la jouissance de l'*ager publicus* (1). »

M. de Laveleye peut ensuite énumérer tous les

(1) Laveleye, *la Propriété et ses Formes primitives*, pp. 134, 135. Paris, F. Alcan.

avantages des biens communaux, dont le plus grand est à ses yeux « de retenir la population rurale dans les campagnes », il ne nous prouvera pas que la propriété collective soit la condition de l'égalité et de la démocratie.

Sa théorie est une conciliation de la « nationalisation » du sol et de l'économie chrétienne; elle peut avoir l'appui des censeurs de la civilisation et des ennemis de la vie urbaine: elle ne saurait être ratifiée par la science sociale.

Les faits mêmes que M. de Laveleye a rassemblés nous montrent avec une clarté parfaite que la propriété communale est inséparable d'une certaine constitution du sol; que les forêts, les pâturages, les tourbières, peuvent être des biens communaux, mais que les terres labourables ne sauraient l'être. C'est normalement que la propriété collective s'est conservée dans les vallées des Alpes et les cluses du Jura ; c'est normalement qu'elle a disparu dans les plaines cultivables.

Tout autre est la théorie de Spencer. L'auteur prévoit sans doute que des sociétés supérieures aux nôtres affirmeront plus énergiquement que ces dernières leur droit au domaine éminent du sol (1). Toutefois, se renfermant en Angleterre, il prouve : 1° que la taxe des pauvres, l'assistance publique a été et est pour les prolétaires un avantage supérieur à celui qu'ils pourraient retirer de la propriété collective du sol nu, vu que les sommes versées par les propriétaires sous cette forme sont très supérieures à la valeur du sol en

____

(1) Spencer, *Principes de sociologie*, § 540. Paris, F. Alcan.

friche ; 2° que, si la communauté confisquait le sol défriché et aménagé, il n'y aurait pas là *restitution* mais *spoliation* (1).

Si la communauté souveraine a un domaine éminent sur le sol nu et si, tout bien considéré, les propriétaires sont ses tenanciers, si en même temps il est faux que la communauté ait le moindre droit au fruit du travail et de l'épargne héréditaire des propriétaires, comment peut se manifester le domaine éminent? Evidemment sous quatre formes : 1° l'impôt foncier ; 2° les droits de mutation ; 3° les servitudes foncières ; 4° l'expropriation pour cause d'utilité publique. Réclamer en France la nationalisation du sol, c'est demander la réalisation d'un fait accompli.

L'existence des droits de mutation suffirait à elle seule à affirmer le domaine éminent de l'État. Tel est l'avis des historiens du droit.

« Merlin, écrit M. Viollet, proclama en 1789 le triomphe de l'alleu ; il crut ou feignit de croire à une réaction victorieuse de l'allodialité contre la féodalité. Est-il donc au pouvoir des hommes de réagir ainsi et de triompher d'une force historique six ou huit fois séculaire? L'alleu était vaincu. Le mort ne ressuscita pas, et nous nous trompons gravement en répétant depuis 1789 que toutes les terres sont devenues allodiales.

« Tout au contraire, l'évolution fiscale menée de concert par la royauté et la féodalité a été sanctionnée, consommée et régularisée; toutes les terres paient aujourd'hui le relief et les lods et ventes, car elles sont soumises aux droits de mu-

---

(1) Spencer, *Justice*. Appendice B. Paris, Guillaumin.

tation. Le principe de la *directe imprescriptible a contribué à fonder nos droits de mutation et nos droits de succession.* Il n'y a plus de fiefs sans doute; d'alleux moins encore. Mais, au point de vue fiscal, nos biens sont devenus des censives, et nous sommes tous aujourd'hui sous la directe du Roi; car ici Roi ou République est tout un en effet, eût dit le bon Loisel, et a nom État (1). »

Ramenée à ces termes précis, la nationalisation du sol est donc une banalité. Les esprits incapables d'analyse peuvent seuls la confondre avec le socialisme.

(1) Viollet, *Précis de l'histoire du droit français*, p. 607.

CHAPITRE II

LES VARIATIONS DU SOCIALISME

Le socialisme n'existe aux yeux de la science sociale que le jour où ses partisans entreprennent d'opposer aux doctrines économiques de Smith, Ricardo et Say de nouvelles explications. Un mot peut donc résumer le jugement qui doit être porté sur les travaux de Pierre Leroux, Cabet, Louis Blanc, Owen, ce mot brutal, mais à peine assez sévère, de Proudhon. « Ce que je reproche au socialisme, ce n'est pas d'être venu sans motif, c'est de rester si longtemps et si obstinément bête (1). » La période du socialisme qui précède la

(1) Proudhon, *Système des contradictions économiques*, ch. II. Edition des œuvres complètes de Proudhon, Paris. Marpon et Flammarion, t. IV, p. 69. — M. Espinas, dans sa très impartiale histoire des doctrines économiques, juge ainsi Louis Blanc : « Le but de cet auteur est de remplacer la concurrence, cette loi homicide de l'industrie livrée à elle-même, par l'action régulatrice et pacificatrice de l'Etat. Mais le moyen qu'il préconise est des plus grossiers. Il fait intervenir l'Etat comme entrepreneur direct, universel. Il ne comprend pas que dans l'organisme social il y a des fonctions qui s'accomplissent beaucoup mieux d'elles-mêmes que sous l'impulsion de la volonté consciente. Il ne voit pas qu'en se substituant aux organes spéciaux chargés de la production et de l'échange, le pouvoir central aggrave les maux qu'il veut guérir. (Alfred Espinas, *Histoire des doctrines économiques*, p. 328. Paris, Armand Colin.)

publication des *Contradictions économiques* de Proudhon ne présente que deux esprits de quelque profondeur, Saint-Simon et Fourier. Or, ce ne sont pas vraiment des socialistes. Saint-Simon n'a fait que tirer les conséquences extrêmes du principe dont le socialisme est la négation, le principe de la capacité ; il le met au-dessus de l'égalité comme au-dessus de l'hérédité. Ayant observé que le recul des titres héréditaires devant les droits de la capacité est en quelque sorte la mesure du progrès moral, Saint-Simon en a conclu que l'héritage devait un jour disparaître ; il se bornait d'ailleurs à demander provisoirement la suppression de l'héritage en ligne collatérale, idée qui parmi les démocrates de toute école a aujourd'hui tant de partisans.

Le socialisme s'est annoncé partout comme un système égalitaire, ennemi de toute hiérarchie, ennemi des droits de la capacité personnelle ; le saint-simonisme aspire au contraire à une hiérarchie sociale fondée sur la différence des capacités. L'opposition entre deux systèmes ne saurait être plus grande.

Fourier, de son côté, porte à l'extrême les conséquences du principe dont le socialisme historique est la négation, le principe de la coopération volontaire. Confondant la liberté avec l'affranchissement des passions, il rêve une division des occupations fondée sur l'attraction passionnelle et d'où toute contrainte est bannie. Bien qu'il soit l'auteur d'une critique de la civilisation où les écoles socialistes ont souvent puisé des arguments, il ne saurait sans méprise être confondu avec leurs fondateurs.

C'est avec Proudhon que commence l'histoire du socialisme scientifique.

Proudhon a beaucoup écrit. Toutefois, ce n'est pas dans les œuvres de sa jeunesse, où la passion déborde et cache le raisonnement, qu'il faut chercher l'expression de sa pensée. Elle est contenue dans trois œuvres maîtresses : *le Système des contradictions économiques* (1846), *la Justice dans la Révolution et dans l'Église* (1858) et enfin la *Guerre et la Paix* (1864) — une critique de l'économie politique au point de vue de la justice — une synthèse de la morale sociale appuyée sur une critique de la religion chrétienne — une philosophie du droit des gens, — trois expressions harmoniques d'une même pensée.

Le point de départ de Proudhon est une rupture également nette et tranchante avec la fraternité sociale des communistes et avec l'égoïsme utilitaire des économistes. Aux uns et aux autres il va opposer la Justice, méconnue par la doctrine de l'Amour comme par la doctrine de l'Intérêt.

« Mon principe, c'est la fraternité », dit le socialiste de l'école de Louis Blanc ou le communiste de l'école de Cabet. Ce prétendu principe suppose tous les problèmes sociaux déjà résolus. « Pour quiconque a réfléchi sur le progrès de la sociabilité humaine, la fraternité effective, cette fraternité du cœur et de la raison qui seule mérite les soins du législateur et l'attention du moraliste et dont la fraternité de race n'est que l'expression charnelle, cette fraternité, dis-je, n'est point comme le croient les socialistes le principe des perfectionnements de la société, la règle de ses évolutions : elle en est le but et le fruit. La question n'est pas de savoir comment, étant frères d'esprit et de cœur, nous vivrons sans nous faire la guerre : cette question n'en est pas une ; mais comment, étant frères par la nature, nous le deviendrons encore par les sentiments, comment nos intérêts au lieu de nous diviser nous réuniront... Ainsi la fraternité, la solidarité, l'égalité, ne peuvent résulter que d'une conciliation des intérêts, c'est-à-dire d'une organisation du travail et d'une théorie de l'échange (1). »

L'économie politique de l'école d'Adam Smith nous donnera-t-elle cette théorie de l'échange ? Non. L'économie politique a répudié toute philosophie et a ainsi perdu de vue son propre objet, qui est la *Justice* manifestée par la valeur.

« Le socialisme a raison de protester contre l'économie politique et de lui dire : Vous n'êtes qu'une routine qui ne vous entendez pas vous-mêmes. Et l'économie politique a raison de dire au socialisme : Vous n'êtes qu'une utopie sans réalité comme sans application possible. Mais l'un et l'autre niant tour à tour, le socialisme, l'expérience de l'humanité, l'économie politique, la raison de l'humanité, tous deux manquent aux conditions essentielles de la vérité humaine (2). »

Proudhon va donc travailler à identifier la philosophie morale et la science économique.

Son point de départ est l'idée de justice. La justice réside non en dehors et au-dessus de l'humanité, comme l'enseignent les religions, mais dans l'humanité elle-même. Chaque homme a le sentiment immédiat de la dignité humaine. Tout

(1) *Contradictions économiques*, ch. XII. OEuvres complètes, t. V, p. 273.

(2) *OEuvres complètes*, t. V, p. 394.

d'abord ce sentiment est égoïste, unilatéral ; d'où le caractère guerrier et religieux du droit primitif. Mais l'homme apprend à sentir en autrui une dignité identique à la sienne. Le voilà arrivé à l'idée de l'égalité des personnes qui constitue le fond de la justice. Mais cette égalité théorique rencontre dans la société telle que la religion l'a faite la division du travail et l'existence des classes. Comment l'accorder avec l'égalité ? Proudhon ne proscrira pas la civilisation comme a fait Rousseau. Il conclut à l'avènement nécessaire d'une forme nouvelle de la division du travail social. Pour que l'égalité des personnes soit réalisée, la *subordination des services* doit faire place à la *réciprocité des services* (1).

Jusqu'ici rien que de correct et de clair. Mais Proudhon fait un pas de plus ; de la réciprocité des services il conclut à l'égalité des biens. En effet, il réduit à rien ou à peu près les différences de capacité que l'observation découvre entre les hommes : ce sont à ses yeux des conséquences de l'éducation et de la division du travail ; une éducation nouvelle les corrigera.

Le *mutuellisme*, tel est le nom de cette conception sociale, Proudhon le définit ainsi : « Une loi d'échange, une théorie de Mutualité, un système de garanties, qui résolve les formes anciennes de nos sociétés civiles et commerciales et satisfasse à toutes les conditions d'efficacité et de justice qu'a signalées la critique... La théorie de la mutualité ou du mutuum, c'est-à-dire de

____

(1) *Justice dans la Révolution et dans l'Église.* Garnier frères, 1858, t. Ier en entier.

l'échange en nature dont la forme la plus simple est le prêt, est au point de vue de l'être collectif la synthèse des idées de propriété et de communauté, synthèse aussi ancienne que les éléments qui la composent (1). »

La gratuité du crédit, l'échange direct sans monnaie, grâce à la constitution d'une banque du peuple, telle est la conclusion pratique de Proudhon.

Il l'oppose nettement au communisme, dont il a dévoilé la contradiction fondamentale. Le communisme consiste à étendre à la société tout entière le mode de répartition des richesses qui convient à la famille ; or, en niant tout héritage, et en allant jusqu'à proscrire la paternité et le mariage pour mieux exclure l'hérédité, le communisme nie le type même de la communauté. La communauté est donc « inintelligente et inintelligible. » A quoi aboutit-elle pratiquement ? « A la glorification de la police. » C'est au fond « la religion de la misère (2) ».

L'œuvre de Proudhon fut, on le voit, d'opposer les principes de la Révolution française au communisme ainsi qu'à l'économie anglaise ; il réhabilita l'idée de justice ; il montra avec une merveilleuse éloquence l'opposition qui existe entre la cause des travailleurs et celle de la théocratie. Beaucoup de ses idées devaient passer dans l'âme même de la France. La mutualité, la coopération, l'enseignement technique et professionnel, autant d'idées proudhoniennes. Il n'est pas jusqu'à la

_____

(1) *Œuvres complètes*, t. V, p. 414.
(2) *Ibid.*, t. V, ch. XII, *passim.*

banque du peuple dont des économistes orthodoxes tels que Courcelle-Seneuil n'aient montré le côté pratique (1).

En revanche, Proudhon ne réussit pas à prouver que la justice conclue à l'égalité des biens. Il avait plutôt brouillé irrémédiablement les aspirations socialistes avec la justice et la morale domestique.

C'est à un pays où la notion du droit est obscure et se confond avec la force de l'Etat, c'est à l'Allemagne qu'allait échoir la tâche de restaurer le socialisme.

Quatre noms résument la théorie socialiste en Allemagne. Ce sont ceux de *Rodbertus Jadgetzow*, de *Ferdinand Lasalle*, de *Karl Marx* et de *Frédéric Engels*. Les deux premiers ne présentent d'intérêt que si l'on y voit des précurseurs du troisième, dont Frédéric Engels fut seulement le collaborateur et l'auxiliaire. D'ailleurs Marx, très disposé à revendiquer la propriété de ses idées, a souvent présenté Lassalle plutôt comme un disciple infidèle que comme son maître (2).

Quant à Schœffle, dont les socialistes ont voulu faire un de leurs adeptes, il n'appartient pas réellement à leur école : il a opposé la notion de la propriété collective à la théorie du laissez-faire seulement comme un procédé d'exposition destiné à montrer les analogies de la société et de l'organisme vivant.

Rodbertus Jadgetzow fut ministre de l'agriculture en Prusse en 1848. C'est le père de ces pro-

_____

(1) Courcelle-Seneuil, *Traité théorique et pratique des opérations de banque*, liv. IV, ch. x. Guillaumin.

(2) Marx, *le Capital*, préface.

priétaires fonciers et de ces juristes si nombreux en Allemagne qui, comme plus tard Bismarck, eurent l'intuition très nette d'une opposition irréductible entre l'absolutisme patriarcal dont la monarchie prussienne est le spécimen et l'entreprise capitaliste. Ils firent appel au socialisme comme à un allié et un vengeur dont ils se flattaient de diriger à leur gré les passions.

Tout autre semble au premier abord l'israélite Ferdinand Lassalle. Moitié tribun populaire, moitié héros de roman, il semble bien étranger à l'esprit doctrinaire de l'Allemagne. C'est un socialiste de boudoir que ses intrigues amoureuses devaient conduire enfin sur le pré où il mourut ; c'est un philosophe de réunion publique qui n'a jamais exposé un système et qui, sauf un travail d'érudition sur la philosophie d'Héraclite, n'a écrit que des brochures. Toutefois, Lassalle n'a été au fond qu'un des prophètes de l'Allemagne moderne. Il a mérité qu'en plein Parlement le chancelier de Bismarck ait célébré son sentiment national et monarchique » déclarant que l'idée « qu'il cherchait à réaliser était l'empire allemand ». En effet, donner à la démocratie ouvrière allemande la conscience d'elle-même, lui montrer dans la royauté prussienne une protectrice nécessaire, d'un autre côté donner au futur empire d'Allemagne qui n'existait pas encore une mission économique, celle de protéger le prolétariat contre la concurrence, telle fut l'œuvre de Lassalle. La démocratie libérale n'a pas eu d'ennemi plus redoutable.

Une théorie pessimiste de la concurrence et une conception autoritaire du rôle de l'État, telles sont les idées communes à Rodbertus Jadgetzow et à Ferdinand Lassalle, les pères du *socialisme d'État*.

L'école économique dite de Manchester estime que la concurrence fait disparaître graduellement la misère parce qu'elle nivelle les prix et stimule l'accroissement de la production. Il en résulte toute une politique : la limitation des attributions administratives de l'État. Ce dernier passe pour incapable de servir le progrès autrement qu'en s'effaçant, en se bornant à la défense nationale, à la protection des personnes et des biens, à l'exécution des conventions librement formées.

Contre cette double conclusion s'élève le socialisme d'État appuyé en cela par cette école d'économistes qui, laissant de côté les abstractions, étudient la production à la lumière de l'histoire et de la statistique.

Selon le socialisme d'État, la concurrence a pour conséquence l'appauvrissement de la classe ouvrière ainsi que l'accroissement des profits de l'entreprise et du capital, le *paupérisme* et le *mammonnisme.*

Cette conséquence, Lassalle l'explique par la *loi d'airain* (*ehernes Gesetz*). Nous voici au second moment du socialisme scientifique.

La loi d'airain n'est autre chose que la loi des salaires de Ricardo. Selon cet économiste, à mesure que croissent la population et les débouchés, la demande du travail augmente par là même, et la rétribution du travail tend à s'élever. Mais c'est le salaire nominal qui seul augmente. Le prix des subsistances et surtout le prix des objets d'alimentation tend à s'élever du même pas, non seulement à cause de l'accroissement du nombre des consommateurs, mais à cause de la rente que peut exiger le propriétaire du sol et qui croît avec le nombre des compétiteurs.

Lassalle en conclut que l'ouvrier ne peut jamais, par ses propres efforts, sortir de la misère. Il doit toujours, sous le régime de la concurrence, vendre son travail contre la quantité de richesses strictement nécessaire à sa subsistance et à celle de sa famille.

Or Hegel, dont Lassalle était en philosophie le disciple peu original, avait exposé une théorie du droit dans laquelle la loi d'airain vient en quelque sorte s'encadrer exactement. Il distingue trois degrés ou trois moments de la vie sociale : la famille, la société civile, l'État.

La famille a pour principe l'amour, la conscience de l'unité qu'une personne forme avec d'autres ; elle est donc une personne collective qui a sa réalité extérieure dans la propriété.

Par opposition à la famille, la société civile « se présente comme le moyen du bien-être individuel. Le principe de la société ainsi conçue est, d'un côté l'individu, le but individuel dans sa totalité, comme ensemble de besoins et mélange de nécessité naturelle et de volonté arbitraire ; de l'autre le rapport de cet individu à d'autres individus. »

« Cet état nous offre donc le mouvement varié des besoins individuels et des volontés arbitraires, mouvement où tout est abandonné au hasard, où s'offre, à côté du bonheur et des richesses, le spectacle de la plus grande dépravation morale et de la misère physique la plus affreuse » (1).

(1) Ott, *Hegel et la Philosophie allemande*, p. 405. Paris, 1844.

La loi d'airain est donc une sorte de vérification expérimentale des idées de Hegel sur la société civile.

Or, au-dessus de la société civile s'élève l'État, dont la famille et la société ne sont que les moments. « L'État est ce qui est rationnel en soi et pour soi, car l'État est son but absolu à lui-même ; ce but est en même temps l'expression la plus haute de la liberté et devient but dominant vis-à-vis des individus qui ont pour premier devoir d'être membres de l'État. La société n'a donc pas pour objet la satisfaction des intérêts individuels. L'*unité* en est le véritable contenu et le véritable but (1). »

Il suffisait de presser quelque peu les théories de Hegel pour en faire sortir une réaction presque illimitée de l'État sur les faits économiques. Or, si la philosophie de Hegel est une métaphysique nébuleuse, inaccessible à bien des égards à tout autre qu'à son auteur, sa théorie de l'État est des plus concrètes. On l'a dit bien souvent, c'est l'apologie de la monarchie et de l'État prussiens. Que l'État prussien n'ait jamais accepté la doctrine économique du *laissez faire*, rien d'étonnant : il était fidèle à ses origines (2). Des Ascaniens à Frédéric II, les princes du Brandebourg furent à bien des égards de grands entrepreneurs de colonisation agricole (3). Jamais ils ne se firent le moindre scrupule d'intervenir entre débiteurs et créanciers et d'accorder, de leur propre autorité, des *mora-*

(1) *Ibid.*, p. 410.
(2) Lavisse. *Études sur l'histoire de Prusse*, pp. 50 et suiv. Paris, Hachette, 1885.
(3) Idem, *ibid.*, t. III en totalité.

loires, des délais aux premiers. Le domaine du travail et de l'échange était à leurs yeux autant que la guerre et plus même que l'enseignement et la foi religieuse, le domaine de l'État.

Le socialisme d'État devait désormais poursuivre en Allemagne un développement régulier. La dialectique de Lassalle devait se mêler à un autre courant, l'économie nationale et historique de List et de Roscher. Le but est le même. C'est la réhabilitation des attributions économiques de l'État, au nom du patriotisme et de la morale sociale. Mais, tandis que List et Roscher se bornaient à l'apologie du système protectionniste, leurs successeurs, MM. Schmoller et Wagner, le premier plus historien, le second plus théoricien, font une large place aux vues socialistes de Jagetzow et de Lassalle. Ainsi s'est formé le *socialisme de la chaire*. On sait quels disciples il a faits : le chancelier de Bismarck et l'empereur Guillaume II. Celui-ci, dans un de ses premiers rescrits, assigne pour mission à l'État allemand de mettre fin aux « contrastes sociaux malsains ». C'était revenir à la tradition des margraves de Brandebourg.

Notons-le : une nouvelle notion de la science économique est née. Appuyée sur l'histoire, elle voit dans l'étude des faits économiques non une « statique » de la richesse, mais une théorie d'évolution. Elle montre la réciprocité de la morale sociale et des faits économiques; elle conclut à la condamnation du laissez-faire et à l'accroissement normal des attributions économiques de la communauté.

Une restauration du communisme, blessé gravement par Proudhon, n'allait-elle pas devenir possible ?

Les noms de *Marx* et de *Engels* désignent le moment décisif dans la formation du socialisme. Non seulement il devient avec eux un parti d'action, ayant l'Allemagne pour foyer et s'étendant à l'ensemble de l'Europe occidentale, mais il reçoit d'eux une sorte de rigueur scientifique, grâce à laquelle le collectivisme révolutionnaire va apparaître à beaucoup d'esprits comme l'anticipation d'un avenir inévitable et comme la conclusion légitime d'une étude du passé de l'humanité.

Désormais les conclusions des économtes sur la répartition des richesses vont être combattues au nom d'une conception de l'histoire qui prétendra embrasser l'ensemble des faits, depuis la domestication du bétail aux âges préhistoriques les plus lointains jusqu'à la fondation de l'*Internationale des travailleurs*.

Chez Proudhon, l'application de cette science sociale destinée à harmoniser la justice et les lois de l'échange était confiée à la liberté de la volonté humaine. Le progrès fatal était délibérément nié (1) Le marxisme aura une autre ambition. Dans les sciences physiques, l'application est subordonnée à la prévision de phénomènes rigoureusement déterminés, phénomènes que la volonté humaine ne peut neutraliser qu'exceptionnellement et   la condition de leur en opposer d'autres contraires e plus puissants. Il en doit être de même de la cience sociale. Aussi Marx lui donne-t-il pour objet de trouver une loi générale qui permette de découvrir d'après le passé les faits sociaux de l'avenir. Le rôle de la volonté humaine

(1) *La Justice dans la Révolution*, 9ᵉ étude, t. III.

sera exclusivement de rendre la transition du passé à l'avenir plus rapide et plus facile, de façon à diminuer les souffrances imposées. Mais ce rôle ne peut être confié qu'à la volonté collective universelle, la volonté individuelle n'ayant pas plus d'action sur les grands mouvements économiques qui dominent l'histoire que sur les marées et les cyclones.

Telle est la conception exposée dans *le Capital* (1) de Karl Marx et dans l'œuvre plus modeste qu'Engels a intitulée *Origine de la famille, de la propriété privée et de l'État* (2).

Toutefois, si on étudie la vie des auteurs, il semble bien que leurs conclusions pratiques aient précédé leurs études théoriques et que, nonobstant la froideur apparente de celles-ci, elles aient été entreprises pour justifier une œuvre révolutionnaire déjà poussée assez loin et la placer en uelque sorte sous la protection du destin. Marx s'est montré tribun et agitateur puissant avant d'analyser l'histoire universelle. L'*Internationale* n'est pas sortie du *Capital*, c'est *le Capital* qui est venu apporter une doctrine scientifique à 'appui du socialisme international.

Karl Marx, né à Trèves le 5 mars 1818, descendait d'une famille de rabbins dont le véritable nom était Mordechaï. Journaliste démocrate, inquiété en Prusse il doit quitter son pays et se réfugier à Paris. Il y fonda avec Frédéric Engels en 1847 l'*Alliance des communistes*, dont il publia le

(1) Le 1ᵉʳ volume seul a été traduit en français par Roy. Paris, Lachâtre.

(2) La 4ᵉ édition a été traduite en français par Ravé. Paris, G. Carré, 1893.

Manifeste en 1847. Il en transporta presque aussitôt le siège à Londres ; c'était le germe de l'*Internationale des travailleurs*, organisée vingt ans plus tard. Le *Manifeste du parti communiste* contient une vue générale de l'histoire présentée comme une suite de combats de classes, combats dont l'organisation du travail et la répartition des richesses sont les causes. Il publie ensuite (1859) la *Critique de l'économie politique* et enfin le *Capital*. Engels, son collaborateur, s'attache plus tard à fortifier la théorie du matérialisme économique de l'histoire en l'appuyant sur l'ethnographie et l'étude de l'homme préhistorique. Tel est l'objet de son *Origine de la famille, de la propriété privée et de l'État*. Visiblement, Marx et Engels ont marché de l'action à la théorie et demandé à la seconde de justifier la première.

Dans le cours de ce travail, les exigences de la discussion nous amèneront à exposer en détail les théories de Marx et de Engels : bornons-nous ici à indiquer l'idée fondamentale qui les domine.

L'objet de Marx est d'opposer à l'économie politique de l'école libérale une explication nouvelle du capital, une explication qui le présente comme un fait passager dans la vie de l'humanité, qui y montre non un état normal, mais une crise de croissance.

Selon l'école orthodoxe, le capital est une conséquence de l'épargne ou de la consommation reproductive ; les profits du capital résultent des lois normales de la valeur.

Selon Marx, le capital est la conséquence d'une spoliation séculaire, le profit du capital se forme en violation des lois normales de la valeur (1).

(1) Voir plus loin 2e partie, ch. 1er.

L'organisation économique que nous observons dans l'humanité civilisée n'est pas l'expression de lois économiques éternelles, analogues aux lois de la physique ; c'est une simple modification de l'organisation économique du moyen âge qui elle-même résultait d'une transformation de l'économie de l'antiquité.

« Les économistes, écrit-il, ont une singulière manière de procéder. Il n'y a pour eux que deux sortes d'institutions, celles de l'art et celles de la nature. Les institutions de la féodalité sont des institutions artificielles, celles de la bourgeoisie sont des institutions naturelles. Ils ressemblent en ceci aux théologiens qui, eux aussi, établissent deux sortes de religions. Toute religion qui n'est pas la leur est une invention des hommes, tandis que leur propre religion est une émanation de Dieu. Ainsi, il y a eu de l'histoire, mais il n'y en a plus ! Le plus drôle est Bastiat, qui se figure que les Grecs et les Romains n'ont vécu que de rapines. Mais, quand on vit de rapines pendant plusieurs siècles, il faut pourtant qu'il y ait toujours quelque chose à prendre ou que l'objet des rapines continuelles se renouvelle constamment. Il faut donc croire que les Grecs et les Romains avaient leur genre de production à eux, conséquemment une économie qui formait la base matérielle de leur société, tout comme l'économie bourgeoise forme la base de la nôtre. Ou bien Bastiat pense-rait-il qu'un mode de production fondé sur le travail des esclaves est un système de vol ? Il se place alors sur un terrain dangereux. Quand un géant de la pensée tel qu'Aristote a pu se tromper dans son appréciation du travail esclave, pourquoi un nain comme Bastiat serait-il infaillible dans son appréciation du travail salarié ? (1) »

Ainsi le capitalisme actuel suppose l'existence antérieure du servage et de l'esclavage. Le capital n'est que l'accumulation du *surtravail* ou du travail non payé, et le surtravail n'est qu'une corvée plus lourde et plus savamment organisée que celle à laquelle le serf était assujetti.

Mais pourquoi la spoliation du travail serait-elle devenue ainsi un facteur du développement de l'humanité? Ici Engels nous fournit la réponse.

La société spontanée, celle qui répond aux tendances immédiates de la nature humaine, est entièrement communiste. Telle, la confédération iroquoise, que le savant américain Lewis H. Morgan, put observer avant qu'elle eût disparu définitivement (2). Cette société ne connaît ni la famille paternelle et monogame, ni la propriété foncière, ni le capital, même sous la forme élémentaire du bétail. Mais elle était vouée à la destruction (3) à cause de son assujettissement absolu à la nature extérieure. L'humanité ne pouvait s'affranchir du joug des forces physiques que grâce à la division du travail. Trois grandes inventions marquent le développement de celle-ci : la domestication du bétail, la préparation des métaux et la monnaie ! Elles ont conduit l'humanité de l'état sauvage ou préhistorique à la barbarie et à la civilisation, dont l'histoire nous raconte les transformations. Avec la division du travail, la société s'est scindée en classes inégales, dont l'une a accaparé les

(1) *Le Capital*, trad. franç., p. 32, colonne 2°, note 1.
(2) Engels, *l'Origine de la famille*. Avant-propos.
(3) Idem, *ibid.*, p. 138.

moyens de production et fait travailler l'autre à
son profit, modifiant au gré de ses intérêts et selon
l'état de la civilisation le mode de cette exploitation.

Mais la société primitive, précisément parce
qu'elle était spontanée, répondait seule à ce besoin
de solidarité que la nature humaine porte en elle-
même. Elle devra donc se reconstituer, car la société capitaliste, caractérisée par la lutte des
classes et l'existence de l'État, porte en elle la contradiction qui la détruit. Le capit (l éil à une
loi unique, qui est de se concentrer entre un
nombre de mains toujours plus petit. Un moment
viendra donc où la classe spoliée comprendra la
presque totalité de la société. Dès lors, ayant en
mains la force publique, elle pourra reprendre
possession des moyens de production et en
faire un usage collectif.

La doctrine de Marx est un lit commun où viennent se déverser plusieurs courants. Bien qu'il nie
rien devoir soit à Proudhon, soit à Lassalle, il
est visible pour le critique que les vues de Proudhon sur la valeur (1) et celles de Lassalle sur le
taux des salaires sont des parties intégrantes de
sa théorie. Ses vues historiques sont empruntées
à trois sources distinctes. Il doit à l'école de List
et de Roscher l'idée d'un processus économique
qui contiendrait en soi la cause de ses transformations. Cette vue, il la met d'accord à la fois avec
la philosophie de l'histoire de Hegel, avec l'idée
d'un retour nécessaire de l'Esprit à son point de
départ et avec la sociologie ethnographique de

(1) Voir plus bas. 1re partie, ch. III.

Lewis-Morgan, avec la supposition d'une analogie profonde entre certaines tribus communistes que nous présentent les Peaux-Rouges et les ancêtres préhistoriques de l'humanité civilisée.

Le marxisme présente un système si bien construit, l'esprit du lecteur impartial a tant de difficulté à s'y soustraire, que la disparition de toutes les écoles socialistes antérieures s'explique sans peine.

D'un autre côté, ce matérialisme inflexible laisse une si faible place aux aspirations morales ou même simplement à l'action, les conclusions pratiques y sont si vagues, enfin l'observation inflige à ces vues abstraites sur l'histoire et le mouvement économique actuel des démentis si énergiques, que des tentatives pour le modifier étaient inévitables. Elle se sont produites surtout en France et en Italie.

Tout d'abord nous constatons un effort pour mettre le socialisme d'accord, non seulement avec le fatalisme historique, mais encore avec ces aspirations morales, avec ces sentiments altruistes et humanitaires que le théoricien peut railler au fond de son cabinet de travail, mais que ne peut écarter l'apôtre soucieux de gagner à sa foi les foules étrangères à la culture scientifique. Auguste Blanqui et Benoît Malon représentent cette tendance en France ; M. Enrico Ferri a cherché en Italie à la concilier avec les exigences de l'esprit scientifique.

Auguste Blanqui était entré bien avant Marx dans la carrière du socialisme révolutionnaire. Toutefois ses vues sur l'économie politique n'ont ~aru que plusieurs années après la publication du

Capital (1). Certes sa *Critique sociale* est pauvre d'idées et de faits si on la compare au livre de Marx. Cette œuvre décousue n'a exercé qu'une faible action sur les esprits. L'histoire du socialisme ne peut toutefois se dispenser de la mentionner. L'auteur n'a-t-il pas fondé le parti dont l'organisation savante et vigoureuse enlace en France le marxisme au point de l'étouffer, la secte qui a préparé les journées de mai et de juin 1848, ainsi que la Commune de 1871, failli mettre à son service l'agitation boulangiste et qui, conspiratrice toujours aux aguets, vise à étendre sur la France, sur l'Europe peut-être, la dictature des faubourgs de Paris ?

Selon Blanqui, le communisme n'est pas le point de départ de l'humanité, mais le terme vers lequel elle tend. L'agent de ce progrès ne réside pas dans les crises de la production, mais dans la diffusion de la culture intellectuelle et le conflit entre l'idéal moral et la réalité économique (2). Toutefois le capital et l'épargne, deux masques de l'usure, créent des souffrances qui hâtent la marche du communisme. C'est ici que les théories de Blanqui peuvent être comparées à celles de Marx.

« Jadis, chacun se fabriquait à soi-même ses vêtements, sa cabane, ses meubles, ses outils, ses armes, ses vivres et se passait aisément de l'assistance de ses semblables. On troquait de-ci de-là un outil contre un meuble, des aliments contre

(1) *La Critique sociale* de Blanqui (2 volumes, Paris, Félix Alcan, éditeur) a été publiée en 1885. La traduction française du *Capital* a été publiée en livraisons de 1872 à 1875. Blanqui n'en fait aucune mention.

(2) *Critique sociale*. t. I. Capital et travail.

des habits. Ce n'était pas commode. Peu à peu les échanges se sont accrus. On a découvert l'or et l'argent, matières précieuses, incomparables comme mesure et instrument de l'échange. La division du travail s'en est suivie. Chacun n'a plus fait qu'une chose et par conséquent mieux et plus vite. Grand profit pour tout le monde : céder en détail son produit contre le numéraire à une foule d'individus et au moyen de ce numéraire faire son choix entre une quantité d'autres produits, c'est une combinaison merveilleuse, pourvu qu'elle soit bien exécutée, je veux dire que l'échange s'accomplisse loyalement. »

« Dans cette opération, l'argent est le maître, puisqu'il choisit à volonté et que chaque producteur est trop heureux de l'obtenir en retour de sa denrée. Celui qui, ayant eu le bonheur de vendre la sienne, n'achète pas celle des autres et se *prive* pour amasser des espèces dans un but criminel d'exploitation, celui-là viole ouvertement la loi de réciprocité qui est la nôtre. Il laisse quelque part dans la détresse des producteurs embarrassés d'une marchandise pour eux inutile et dépourvus du numéraire qui est une condition absolue d'existence. C'est un véritable attentat à l'ordre social fondé sur la solidarité par l'échange (1). »

Ces lignes sont écrites en juillet 1870, avant la publication du *Capital* de Marx. Blanqui, avec sa netteté française, dégage l'idée très simple noyée dans les gros volumes du socialiste allemand, c'est que, aux yeux de l'école socialiste, « l'épargne tue l'échange » et que la *consommation immédiate*

____

(1) *Critique sociale.* Capital et travail, t. I, p. 22.

des fruits du travail sans aucune réserve serait à la fois la condition et la conséquence d'un régime communiste ; en d'autres termes, c'est que le socialisme est la négation de la prévoyance individuelle et sociale (1).

D'ailleurs, pour Blanqui comme pour Marx, les capitalistes dans leur rage d'accumulation, travaillent à leur insu pour le communisme.

« Le capitalisme, âpre au gain, l'œil au guet, a saisi la portée de l'association, et ce magnifique instrument de progrès est devenu entre ses mains un véritable chassepot. *Il en use pour exterminer la petite et moyenne industrie, le moyen et le petit commerce.* »

« Sur les ruines du bourgeois modeste, s'élève, plus savante et plus terrible que le vieux patriciat, cette triple féodalité financière, industrielle et commerciale qui tient sous ses pieds la société entière ; l'astuce au lieu de la violence, le détrousseur de grande route supplanté par le pickpocket. »

« Il était écrit que le passé, avant de mourir, frapperait son dernier coup avec l'arme même qui doit le tuer. En frappant, il s'est porté de sa main une blessure mortelle. L'association au service du capital devient un fléau tel qu'il ne sera pas longtemps supporté. »

« Quand l'heure a sonné d'une évolution sociale, tout se précipite à sa rescousse pour aider à l'enfantement. Les énergies épuisées qui vont s'éteindre lui apportent elles-mêmes, sans en avoir conscience, le concours de leur dernier effort. Nous assistons à un curieux spectacle. *Sous nos*

(1) *Critique sociale*, t. II. L'Epargne, p. 81.

yeux se déroulent les préliminaires de la communauté (1). »

Dès 1850, Blanqui formulait la *loi d'accumulation* presque dans les mêmes termes que Marx :

« Dans l'ordre actuel, la multiplication des capitaux est le fléau par excellence, la source de toutes les détresses populaires, parce que leur formation, fruit de la rapine, engendre de nouvelles rapines et ainsi de suite indéfiniment. *L'accroissement du capital, c'est l'accroissement de la dîme qu'il perçoit sur les travailleurs, et cette dîme est l'origine de tous leurs maux* (2). »

Benoît Malon, auteur du *Socialisme intégral* (3), ancien membre de l'*Internationale* et de la *Commune* de Paris, écrivit sous l'influence des théories économiques de Marx. Esprit sans grande précision, il semble avoir poursuivi un double but : 1º démontrer la thèse maîtresse du marxisme, savoir l'absorption fatale des petits capitaux par les grands, par une étude des excès de la spéculation financière ; 2º appuyer la conclusion collectiviste sur une étude du progrès moral, dont le système d'Auguste Comte lui a fourni les grandes lignes.

Selon Malon, tandis que les faits économiques, sous la loi de la concurrence, tendent à favoriser un égoïsme effréné, la conscience humaine veut que chacun vive toujours plus complètement pour autrui. Une réaction de la sociabilité contre la richesse est donc inévitable.

Blanqui et Malon ont été les grands instituteurs

(1) *Critique sociale*, t. Iᵉʳ, pp. 176, 177.
(2) *Ibid.*, t. II, p. 320.
(3) 2 volumes. Paris, Félix Alcan, éditeur.

du parti collectiviste en France, mais, tandis que Blanqui aspirait à une révolution violente et à une dictature du prolétariat parisien, Malon croyait à la nécessité de transitions et de transactions entre la société actuelle et la société collectiviste.

En Autriche, Schœffle, ancien ministre de l'empereur François Joseph, auteur d'un ouvrage classique sur *la Structure et la vie du Corps Social*, a considéré le collectivisme comme une hypothèse nécessaire pour rendre compte du caractère organique de la Société ; mais il déclare le collectivisme sans avenir dans l'Europe actuelle (1). Il s'en est servi plutôt comme d'une méthode pour opposer à l'économie politique la sociologie telle qu'il la conçoit. Mais en Italie les idées de Marx ont trouvé un défenseur ardent chez le célèbre criminaliste Enrico Ferri, professeur à l'Université de Rome.

Convaincu par des études minutieuses et variées que la criminalité est le résultat de trois causes : l'une physiologique, la race et le tempérament individuel ; l'autre physique, le climat ; l'autre sociale, la misère. M. Ferri avait conclu que la peine à elle seule est inefficace, et il avait préconisé ce qu'il a heureusement nommé les substituts de la peine (*Sostitutivi penali*). Au premier rang de ceux-ci il place l'amélioration de la condition matérielle du prolétaire.

Il semble que ce disciple de Darwin ait été conduit par là au socialisme. Il justifie sa conclusion

____

(1) Schœffle, *Ueber die Aussichtslossigkeit der Social demokratie.*

(2) E. Ferri, *Socialismo e scienzia positiva. Darwin, Spencer, Marx.*

en s'appuyant sur une loi de l'évolution humaine,
l'atténuation de la concurrence. La concurrence
économique doit, à son avis, disparaître comme a
disparu le cannibalisme. Dans la société future,
les hommes lutteront encore pour les dignités et
les honneurs, mais il ne lutteront plus pour le
pain et les instruments de travail dès lors assurés
à tous.

Le marxisme devait non seulement subir des
retouches, mais encore voir ses conclusions pratiques rejetées de ceux-là mêmes qui admettent
sa conception du rôle du capital.

Marx estime que le droit et l'organisation politique ne sont que des reflets de l'organisation
économique. Il prévoit que les capitaux continue-
ront à s'accumuler dans un petit nombre de
mains. Ceci posé, il conclut qu'un moyen purement politique, la constitution d'un parti ouvrier
qui se rendra maître des pouvoirs publics, suffira
à transformer l'ordre économique et à mettre fin
à la production capitaliste. Cette contradiction
devait frapper des esprits conséquents.

On a donc vu apparaître une secte de communistes qui répudient les moyens légaux, condam-
nent le suffrage universel et veulent attaquer
directement l'organisation capitaliste. Les uns
préconisent seulement l'emploi de grèves générales, afin que l'ouvrier retienne pour lui la plus-
value du capital (1) ; les autres vont jusqu'à
recommander le vol (2). Ce sont les *communistes*

(1) Tcherkesoff, *Pages d'histoire socialiste dans* les
Temps Nouveaux. 1896.

(2) Saurin, *l'Ordre par l'anarchie* ; Kropotkine, *la Conquête du pain*.

libertaires, vulgairement nommés anarchistes. On les voit avec surprise reprendre presque toutes les thèses de l'économie politique orthodoxe, célébrer l'initiative privée, la production libre, dénoncer l'incapacité industrielle de l'État. Nulle part le socialisme doctrinaire n'a de censeurs plus âpres, plus prompts à mettre en relief les vices de ses méthodes, la puérilité de ses programmes, son tempérament despotique. Nulle part ses échecs ne paraissent accueillis avec autant de joie.

De Marx aux communistes libertaires, nous avons vu le socialisme dénoncer les accaparements du capital et l'accroissement de sa part dans la répartition des richesses. Le cycle du socialisme n'aurait pas été fermé si un de ses partisans n'avait pas cherché à rendre compte du démenti flagrant que les faits opposent à ces allégations, nous voulons parler de l'abaissement du taux de l'intérêt. Telle a été l'œuvre de M. Achille Loria, le représentant le plus ingénieux, mais aussi le plus paradoxal, du socialisme en Italie.

Le système de M. Loria peut être défini d'un mot : à l'encontre d'un lieu commun classique, il s'attache à opposer la propriété à la liberté et à voir dans la première la source de l'oppression de la seconde. Mais il se garde de conclure au collectivisme. La société normale est selon lui une association mixte où le prolétaire apporte son travail, le capitaliste sa terre ou son instrument de travail mais où le capital ne joue qu'un rôle subordonné (1).

____

(1) Achille Loria, *Analisi della proprieta capitalista*. Turin, 1889. — *Les Bases économiques de la constitution sociale*, trad. française. Paris, F. Alcan.

M. Loria conserve plusieurs des idées essentielles du marxisme ; la société tout entière n'est que l'organisation économique ; l'histoire n'est que le déroulement des phases de la production. Marx avait émis l'idée qu'une classe capitaliste ne saurait apparaître là où n'existe pas la pleine propriété foncière, parce que la condition de son existence, un prolétariat sans feu ni lieu à exploiter, lui fait défaut (1). M. Loria prend cette idée comme fil conducteur. La suppression de la terre libre, voilà le point de départ du capitalisme. Là est l'origine des distinctions de classes. Il y a plus : là est l'origine de la religion, du droit et du pouvoir politique.

Jusqu'ici M. Loria n'est encore qu'un disciple de Marx. Dans quelques lignes singulières sur la marchandise considérée comme fétiche, celui-ci avait tenté de montrer que la religion n'est que la conséquence d'une organisation économique imparfaite (2). On sait aussi que, selon lui, le droit et le pouvoir · politique résultent de la distinction des classes, conséquence de la division du travail. Mais voici le point où M. Loria s'éloigne de Marx : c'est que toutes les transformations économiques, passées et futures, résultent, non pas de la concentration des moyens de production dans un petit nombre de mains, mais de l'abaissement du revenu.

Pour arracher au travail un revenu supérieur, les classes dominantes ont créé la morale, c'est-à-dire substitué aux sanctions naturelles de l'égoïsme

(1) Marx, *Capital*, 8ᵉ section, ch. xxvi, xxvii.
(2) Idem, *ibid.*, ch. Iᵉʳ, section 1, p. 31.

les sanctions artificielles de l'opinion. Pour maintenir ce revenu, elles ont créé les règles du droit civil et pénal. Elles ont enfin créé et développé le pouvoir politique. De même que « tout le code pénal est en faveur du riche contre le pauvre », que « le droit est un monopole de la richesse et que dans le temple de Thémis il n'y a pas de place pour le travailleur (1) », de même « le pouvoir n'est que l'émanation du revenu, et les actes du pouvoir doivent tendre uniquement à faciliter le développement du revenu, à assurer sa persistance et son accroissement progressif à favoriser de toute manière ses possesseurs, à satisfaire leurs désirs et leurs moindres velléités (2) ».

Mais « l'appropriation capitaliste du pouvoir est sans aucun doute la méthode la plus coûteuse parmi celles qui visent à contenir dans l'obéissance les classes déshéritées; elle exige en effet un ensemble compliqué de moyens et une armée de travailleurs improductifs bien plus considérable que celle qui est imposée par les méthodes de coaction morale et juridique (3). »

Par là même se dissout la société capitaliste : avec la baisse du revenu, les travailleurs improductifs séparent leur cause de celle de la propriété. On marche ainsi vers une société-limite, une association mixte de travailleurs et de capitalistes où reparaîtront les avantages de la terre libre, point de départ de l'humanité.

L'intrépidité de M. Achille Loria dans le para-

---

(1) Loria, *les Bases économiques de la constitution sociale*, pp. 120, 122.
(2) *Ibid.*, p. 224.
(3) *Ibid.*, p. 128.

doxe est sans exemple : l'histoire entre ses mains devient méconnaissable. C'est ainsi qu'à ses yeux les prêtres catholiques sont les auteurs de la révolution de 1789 (1) et que le nihilisme est un mouvement capitaliste ! Néanmoins il y a intérêt à lire les œuvres de M. Loria après celles de Marx et de Engels. Elles en sont à la fois la caricature et la satire. M. Loria est d'ailleurs un matérialiste conséquent : il n'attend rien de la révolution, rien même de la conquête du pouvoir dont l'existence est le signe de la puissance économique du capital. La puissance politique de ce dernier diminuera avec sa puissance économique, c'est-à-dire avec l'abaissement du revenu. La science, selon lui, ne peut autoriser des espérances de rénovation totale et prochaine. Elles sont en complète contradiction avec son esprit (2).

Le mutuellisme, le socialisme d'État, le collectivisme matérialiste de Marx, le collectivisme altruiste de Blanqui et de Malon, le communisme libertaire des anarchistes, enfin la théorie de l'association mixte de M. Loria, telles sont les principales formes du socialisme scientifique, c'est-à-dire appuyé en apparence sur l'étude historique des faits économiques, tel est jusqu'ici le résumé de ses variations.

(1) Loria, *les Bases économiques de la constitution sociale*, p. 345.
(2) Idem *ibid..* p. 355.

CHAPITRE III

Le socialisme est-il une expression abrégée pour désigner une multitude incohérente de sectes économiques ou politiques? ou bien les divergences des écoles et des groupes cachent-elles une unité profonde?

Au premier abord, le tableau des variations du socialisme semble inspirer la première réponse. Nous avons vu Proudhon condamner le communisme, Marx et Blanqui y voir le terme vers lequel tend l'humanité; nous avons vu Marx induire la victoire du collectivisme de la loi de concentration des capitaux, et Loria prévoir la défaite du capitalisme en constatant la diminution constante du revenu; Engels placer l'idéal de la solidarité humaine à l'origine, dans les tribus sauvages; Blanqui et Ferri appuyer les espérances du socialisme sur l'atténuation graduelle de la concurrence vitale qui a accompagné le développement de l'humanité.

Toutefois, un examen plus approfondi montre que derrière ce rideau mobile d'écoles et de sectes, il existe un fond d'idées, un ensemble d'arguments et de préjugés sur lesquels les adversaires les plus passionnés s'entendent. Là est l'unité du socialisme ; reconstituer cette unité est la condition préalable de la discussion.

I. — Les variations du socialisme n'ont point eu lieu au hasard ; chaque école est résultée de l'insuffisance des précédentes; cependant elle en a gardé les idées principales. Ce point capital doit être étudié de près.

Le socialisme nous présente deux formes extrêmes, associées l'une au nom de Proudhon, l'autre au nom de Marx. L'une est le *mutuellisme*, l'autre le *collectivisme*.

Si nous trouvons qu'elles ont en commun des idées fondamentales, nous aurons prouvé l'unité du socialisme.

Un premier regard ne découvre entre ces conceptions que des différences ; elles répondent aux deux attitudes que l'esprit peut prendre en face des problèmes de la morale sociale. Le mutuellisme, tel que Proudhon l'a conçu, voit dans la question sociale une *question morale ;* il entreprend de subordonner la division du travail et l'échange aux exigences de la justice, sans laquelle il n'y aurait ni coopération ni échange. Le collectivisme voit dans la question sociale une *question d'estomac.* La justice n'est aux yeux de ses partisans qu'un objet de raillerie propre à égayer des réunions d'étudiants. Il y substitue les prétendues exigences de la production qui feront apparaître une société sans classes, sans puissance coercitive, où, tout en poursuivant la satisfaction de ses appétits, chacun, par une sorte de miracle, travaillerait au bien-être de tous.

Le mutuellisme et le collectivisme répondent

aussi à deux conceptions radicalement différentes de l'application des sciences sociales. Le mutuellisme croit à la spontanéité intelligente de l'homme, à un rapport entre la moralité individuelle et la solidarité sociale ; il voit dans la société un produit des facteurs internes dont les principaux sont la raison et le caractère personnels. Le collectivisme voit dans la personne humaine un simple produit des circonstances. Dédaigneux de toute psychologie, dédaigneux même des données de la physiologie cérébrale, il conçoit dans les sociétés le déterminisme exactement comme le font les sciences physiques les plus rigoureuses. Entre l'étude du passé social et la recherche des modifications possibles, il croit devoir placer la prévision de la société future, non pour corriger les faits, non même pour éviter les crises, mais pour les hâter, pour devancer les temps, bref, pour précipiter la venue, jugée inévitable, d'une organisation économique sans propriété capitaliste.

Toutefois, le mutuellisme de Proudhon est incontestablement une des origines du collectivisme de Marx ; les thèses les plus neuves du marxisme, à une exception près, se retrouvent déjà chez l'auteur des *Contradictions économiques*.

Le mutuellisme de Proudhon prétend subordonner la production et l'échange à la justice. Mais qu'est-ce que cette justice ? C'est l'égalité absolue ! (1) Proudhon s'attache passionnément à nier le fait le plus éclatant, la différence des capacités et des mérites. Dès lors, c'est en vain qu'il

_____

(1) *Justice dans la Révolution*, t. Ier, 3e étude, ch. v.

4

crible d'épigrammes et de critiques, d'ailleurs méritées, la conception communiste, il en a posé les prémisses.

Sans doute, Proudhon découvre dans le communisme une contradiction fondamentale : ce système confond la fraternité avec l'égalité. « C'est la loi de famille appliquée à la société. Là, en effet, il n'est pas question d'égalité ou de non-égalité de forces, de talents, de moyens; c'est de la fraternité pure, comme entre parents et enfants, entre frères et sœurs. Mais la *famille est la sphère de l'autorité et de la subordination*, et, quand le communisme sera logique, il reconnaîtra qu'en prenant dans la famille le type de la société, *il aboutit au système féodal* (1). » D'un autre côté, le communisme pour arriver à abolir la propriété héréditaire nie la famille au moment même où il en généralise le type (2).

Proudhon revendique avec âpreté dans la famille et l'État la supériorité de l'homme sur la femme ; en revanche, il conclut, en économie politique, de l'égalité des personnes à l'égalité des biens. C'est que, selon lui, la division du travail implique la réciprocité et la balance des services. Ici le communisme peut l'acculer à une contradiction. Il suffit de lui poser cette question : la balance des services est-elle possible si les instruments de travail sont possédés à titre privé ? Si oui, pourquoi se plaindre de la société actuelle où les personnes sont égales, contractent également et librement, où les relations de services sont soumises à la loi

____

(1) *Justice dans la·révolution*, t. Ier, p. 279.
(2) *Système des contradictions économiques;* ch. xii, § 5.

de l'échange libre ? Si non, pourquoi repousser le collectivisme ?

Sur la question fondamentale de la propriété, rien de plus équivoque que la pensée du mutuellisme. « La propriété, c'est le vol ! » s'écrit Proudhon d'un bout à l'autre de son œuvre. En même temps, il proteste avec éclat contre l'intention de détruire la propriété. « Détruire une conception de l'esprit, une force économique ; détruire l'institution que cette force et cette conception engendrent est aussi absurde que de détruire la matière... Ce que je cherchais dès 1840 en définissant la propriété, ce que je veux aujourd'hui, ce n'est pas une destruction, je l'ai dit à satiété ; c'eût été tomber, avec Rousseau, Plotin, Louis Blanc lui-même et tous adversaires de la propriété, dans le communisme, contre lequel je proteste de toutes mes forces ; ce que je demande pour la propriété, c'est une balance (1). »

Ici encore, de deux choses l'une : ou Proudhon ratifie la société actuelle, ou il doit conclure au collectivisme.

Ou bien il demande que les *droits* de propriété soient égaux, quelque inégales que soient les richesses sur lesquelles portent ces droits, ou d'autres mots, que les droits des petits propriétaires soient aussi garantis et sauvegardés que les droits des grands. Mais n'est-ce pas la prétention même de la société moderne ? Si elle n'y réussit pas complètement, la faute en est à l'imperfection de la procédure civile, non à l'organisation économique.

(1) *La Justice dans la Révolution*, t. Ier, pp. 302-303.

Ou bien il entend que la propriété est réellement un vol, toutes les fois qu'elle ne peut être égale, c'est-à-dire proportionnelle au travail? En ce cas, ne condamne-t-il pas au moins une forme de la propriété, celle des instruments de travail?

Le collectivisme peut d'autant mieux s'appuyer sur les prémisses de Proudhon que, d'après ce dernier, si la propriété est identique au vol, c'est qu'elle est l'expression du Moi. « L'erreur de ceux qui ont entrepris de venger la propriété des attaques dont elle était l'objet a été, nous dit-il, de ne pas voir qu'autre chose est la propriété et autre chose la légitimation, par le droit, de la propriété ; c'est d'avoir cru, avec la théorie romaine et la philosophie spiritualiste, que la propriété, manifestation du Moi, était sainte par cela seul qu'elle exprimait le Moi ; qu'elle était de droit parce qu'elle est de besoin ; que le droit lui était inhérent comme il l'est à l'humanité même. Mais il est clair qu'il n'en peut être ainsi, *puisque autrement le moi devrait être réputé juste et saint dans tous ses actes,* dans la satisfaction quand même de tous ses besoins, de toutes ses fantaisies, puisque en un mot ce serait ramener la justice à l'égoïsme, comme le faisait le vieux droit romain par sa conception unilatérale de la dignité. Il faut, pour que la propriété entre dans la société, qu'elle en reçoive le timbre, la légalisation, la sanction (1). »

Si Proudhon se bornait à dire que le droit de propriété est limité par tous les autres droits, notamment par le droit à la liberté personnelle, il n'eût fait en somme que répéter la doctrine libé-

_____

(1) *La Justice dans la Révolution,* t. Ier, p. 307.

rale moderne. Mais la propriété étant en elle-même identifiée au vol, le collectivisme peut tirer une conclusion tout autre.

Donc la croyance à la justice ne suffit point autant qu'on pourrait le croire à distinguer le mutuellisme du collectivisme, puisque, selon le premier système, la justice implique la réciprocité des services, l'égalité des biens, et qu'au regard de la justice, la propriété est un vol. L'école collectiviste peut en ce cas présenter ses solutions comme le seul moyen de concilier la division du travail avec la réciprocité des services. On comprend que Marx n'ait pas eu grand'peine à enlever à Proudhon tous ses disciples.

Cette transformation des mutuellistes en collectivistes était d'autant plus aisée que sur trois points fondamentaux : la notion de la valeur, la division du travail, le rapport de l'Etat et des classes, la doctrine de Marx n'est que le développement de celle de Proudhon.

Le point de départ du marxisme est l'opposition de la valeur utile et de la valeur en échange ; c'est ensuite l'idée que la mesure de cette dernière est la durée du travail, en d'autres mots la force de travail dépensée par la production.

Or cette idée se trouve presque textuellement formulée au début des *Contradictions économiques*.

Proudhon pose d'abord en ces termes ce qu'il nomme l'antinomie de la valeur : « Les économistes ont très bien fait ressortir le double caractère de la valeur ; mais ce qu'ils n'ont pas rendu avec la même netteté, c'est sa nature contradictoire. Ici commence notre analyse. L'utilité est la condition nécessaire de l'échange, mais ôtez l'échange, et l'utilité devient nulle. Où est-ce donc qu'apparaît la contradiction? Puisque tous, tant que nous sommes, nous ne subsistons que par le travail et l'échange et que nous sommes d'autant plus riches que nous produisons et échangeons davantage, la conséquence pour chacun est de produire le plus possible de valeur utile afin d'augmenter d'autant ses échanges et, partant, ses jouissances. Eh bien ! le premier effet, l'effet inévitable de la multiplication des valeurs, est de les avilir : plus une marchandise abonde, plus elle perd à l'échange et se déprécie commercialement. N'est-il pas vrai qu'il y a contradiction entre la nécessité du travail et ses résultats ? (1)

« L'offre et la demande que l'on prétend être la seule règle des valeurs ne sont autre chose que deux formes cérémonielles servant à mettre en présence la valeur d'utilité et la valeur d'échange et à provoquer leur conciliation (2). »

Pensant avoir ainsi réfuté la théorie que les économistes ont donnée de la valeur, Proudhon s'attache à la remplacer. La loi de la variation des valeurs n'est pas la loi de leur constitution. Le voilà conduit à une définition qui contient tout le marxisme dans l'œuf : « La valeur varie et la loi des valeurs est immuable ; bien plus, si la valeur est susceptible de variation, c'est parce qu'elle est soumise à une loi dont le principe est essentiellement mobile, savoir: *le travail mesuré par le temps* (3). »

« Les produits de l'industrie humaine sont les

(1) *Système des contradictions économiques*, ch. II, œuvres complètes, t. IV, p. 62.

(2) *Ibid.*, t. IV, p. 72.

(3) *Ibid.*, ch. II, œuvres complètes, t. IV. p. 81.

uns par rapport aux autres genres et espèces, et ils forment une série du *simple* au *composé*, selon le nombre et la proportion des éléments, tous équivalents entre eux, qui constituent chaque produit.

« L'effet du travail est d'*éliminer incessamment la rareté et l'opinion comme éléments constitutifs de la valeur* et par une conséquence nécessaire de transformer les utilités naturelles ou vagues (appropriées ou non) en utilités mesurables ou sociales ; d'où il résulte que le travail est tout à la fois une guerre déclarée à la parcimonie de la nature et une *conspiration permanente contre la propriété* (1). »

Précisez ces formules, appuyez-les de quelques exemples, donnez-leur une vague base physiologique et vous aurez la première partie du *Capital*.

Proudhon ne préludait pas moins au marxisme par sa théorie de la division du travail.

« Il est démontré, et l'objet propre de l'économie est de faire cette démonstration, que la *division du travail* est le procédé le plus puissant de l'industrie et la source la plus féconde de la richesse, mais qu'elle tend en même temps à abrutir l'ouvrier et conséquemment à créer une classe de serfs. Les deux phénomènes sont aussi certains l'un que l'autre, intimement liés, à telle enseigne que si l'industrie devait se soumettre à la loi du respect personnel, elle devrait, ce semble, abandonner ses créations, et, réciproquement, si la justice devait

(1) *Système des contradictions économiques*, ch. II, œuvres complètes, t. IV, p. 82.

être subordonnée à la production, le paupérisme, le vice et le crime iraient se développant d'une manière continue, proportionnellement à la production elle-même. »

« La question est ainsi de savoir comment la société conservera les bénéfices de la division du travail en la développant toujours, comment d'autre part elle satisfera à la justice en empêchant la dépravation des classes ouvrières (1) ».

C'est en ces termes d'une précision vigoureuse que Proudhon pose la question sociale. Il fait modestement honneur de cette idée à un économiste orthodoxe, Rossi; mais Rossi s'était borné à isoler les problèmes économiques des problèmes moraux pour les besoins de l'abstraction scientifique ; il n'avait pas prétendu opposer l'économie et la justice.

Marx affectait un matérialisme brutal ; il voyait dans nos idées de justice et de pudeur des conséquences de la propriété capitaliste et n'était pas homme à se soucier « de la dépravation des classes ouvrières ». Mais il retient l'idée fondamentale de Proudhon, c'est que la division du travail et la coopération, phénomènes économiques nécessaires, annulent la personnalité de l'ouvrier et que par elles, tout rapport est rompu entre le travail individuel et la propriété. Tout le profit en est donc pour le capital, mais c'est là, selon lui, une phase transitoire.

« L'ouvrier est propriétaire de sa force de travail tant qu'il en débat le prix de vente avec le capitaliste, et il ne peut vendre que ce qu'il pos-

(1) *La Justice dans la Révolution*, t. Ier, p. 263.

sède, sa force individuelle. Ce rapport ne se trouve en rien modifié parce que le capitaliste achète cent forces de travail au lieu d'une, ou passe contrat non avec un, mais avec cent ouvriers indépendants les uns des autres et qu'il pourrait employer sans les faire coopérer : *Le capitaliste paie donc à chacun des cent sa force de travail indépendante, mais il ne paie pas la force combinée de la centaine.* Comme personnes indépendantes, les ouvriers sont des individus isolés qui entrent en rapport avec le même capital, mais non entre eux. Leur coopération ne commence que dans le procès du travail ; mais là ils ont déjà cessé de s'appartenir. *Dès qu'ils y entrent, ils sont incorporés au capital. En tant qu'ils coopèrent, qu'ils forment les membres d'un organisme actif, ils ne sont même qu'un mode particulier d'existence du capital* (1) ».

L'effet de la division du travail est de substituer la manufacture à l'individu comme élément social. C'est ainsi que se crée la caste.

« Il est d'abord évident que l'ouvrier parcellaire transforme son corps tout entier en organe exclusif et automatique, de la seule et même opération simple, exécutée par lui sa vie durant, en sorte qu'il y emploie *moins de temps* que l'artisan qui exécute toute une série d'opérations. Or, le mécanisme vivant de la manufacture, le travailleur collectif n'est composé que de travailleurs parcellaires. Comparée au métier indépendant, la manufacture fournit donc plus de produits en moins de temps, ou, ce qui revient au même, elle multiplie la force productive du travail. Ce n'est pas tout ;

____

(1) *Le Capital*, traduction française, p. 142.

dès que le travail parcellé devient fonction exclusive, sa méthode se perfectionne. Quand on répète constamment un acte simple et concentre l'attention sur lui, on arrive peu à peu par l'expérience à atteindre l'effet utile voulu avec la plus petite dépense de force. Et, comme toujours diverses générations d'ouvriers vivent et travaillent ensemble dans les mêmes ateliers, les procédés techniques acquis, ce qu'on appelle les *ficelles du métier*, s'accumulent et se transmettent. La manufacture produit la virtuosité du travailleur de détail, en reproduisant et poussant jusqu'à l'extrême la séparation des métiers, tel qu'elle l'a trouvée dans les villes du moyen âge. D'autre part, sa tendance à transformer le travail parcellé en vocation exclusive d'un homme sa vie durant, répond à la propension des sociétés anciennes à rendre les métiers héréditaires, à les pétrifier en castes, ou bien, lorsque des circonstances historiques particulières occasionnèrent une variabilité de l'individu, incompatible avec le régime des castes, à ossifier du moins en corporations les diverses branches d'industries. Ces castes et ces corporations se forment d'après la même loi naturelle qui règle la division des plantes et des animaux en espèces et en variétés, avec cette différence cependant qu'un certain degré de développement une fois atteint, l'hérédité des castes et l'exclusivisme des corporations sont décrétées *lois sociales* (1) ».

Entre la division du travail et la production capitaliste, la correspondance est parfaite; par là même un âge nouveau est préparé.

(1) *Capital*, traduction française, pp. 147 et suivante.

« Si la puissance collective du travail développée par la coopération apparaît comme force productive du capital, la coopération apparaît comme mode spécifique de la production capitaliste. C'est là la première phase de transformation que parcourt le procès de travail par suite de sa subordination au capital. Cette transformation se développe spontanément. Sa base, l'emploi simultané d'un certain nombre de salariés dans le même atelier, est donnée avec l'existence même du capital et se trouve là comme résultat historique des circonstances et des mouvements qui ont concouru à décomposer l'organisme de la production féodale.

« Le mode de production capitaliste se présente donc comme nécessité historique pour transformer le travail isolé en travail social ; mais, entre les mains du capital, cette socialisation du travail n'en augmente les forces productives que pour l'exploiter avec plus de profit (1). »

Frédéric Engels s'est chargé d'étendre cette vue à l'ensemble de l'histoire. La domestication du bétail, l'usage des métaux, l'invention de la monnaie, sont avant l'ère de la production capitaliste trois moments dans l'histoire de la division du travail. Il en est résulté d'abord la subordination de la femme à l'homme, puis la scission de la société en deux classes, l'une possédante, l'autre possédée, enfin l'apparition de la puissance publique, la guerre et la chasse à l'esclave (2).

La division progressive du travail est, selon le

____

(1) *Le Capital*, traduction française, p. 145.
(2) Engels, *l'Origine de la famille*, etc., ch. IX.

collaborateur de Marx, le fond de la civilisation. La civilisation reposerait sur la distinction des classes ; grâce à elle, tout ce qui est un *progrès* pour la classe dirigeante serait un recul pour la classe laborieuse (1).

Mais, par l'effet même de la coopération, le nombre des membres de la classe dirigeante diminue : un jour viendra où le seul jeu des forces économiques aura concentré toutes les forces productives entre les mains de la communauté.

Proudhon eut le mérite de poser un problème. Depuis, une œuvre magistrale, *la Division du travail social*, de M. Emile Durkheim, a fait complète justice de cette opposition de la personnalité et de la division du travail. C'est précisément quand il y a coopération, et coopération spécifiée, que la société sent sa dépendance à l'égard de l'activité personnelle (2).

Mais Proudhon, sans s'en douter, avait, en opposant la division du travail à la personnalité, posé les fondements d'un nouveau communisme, plus savant que celui de Cabet, mais non moins contraire à ses propres aspirations morales. Ici encore les mutuellistes ont été les pionniers des collectivistes.

Il n'en est pas autrement de la théorie de l'État. Proudhon ne dit pas aussi clairement que Marx et qu'Engels que l'État est le résultat de la lutte des classes et la cuirasse des classes possédantes dans leurs guerres contre les classes possédées. Toutefois, selon lui : 1° l'État est à ses yeux le produit de

(1) Engels, *l'Origine de la famille*, p. 288.
(2) Emile Durkheim, *De la division du travail social*, 1 vol. in-8°. Paris, Félix Alcan, 1893. Conclusion.

la division du travail ; 2° bien que favorable en principe à la justice, l'État tombe sous la loi de la propriété, et, au lieu d'être un agent de l'égalité, il est un agent de la hiérarchie.

Écoutons-le lui-même :

« Un atelier formé d'ouvriers dont les travaux convergent vers un même but, qui est d'obtenir tel ou tel produit, possède en tant qu'atelier ou collectivité une puissance qui lui est propre : la preuve, c'est que le produit de ces individus ainsi groupés est fort supérieur à ce qu'eût été la la somme de leurs produits particuliers s'ils eussent travaillé séparément (1).

« Tout groupe humain, famille, atelier, bataillon, peut être regardé comme un embryon social ; par conséquent, la force qui est en lui peut, dans une certaine mesure, former la base du pouvoir politique. Mais ce n'est pas en général du groupe tel que nous venons de le concevoir que naît la cité, l'État. L'État résulte de la réunion de plusieurs groupes, différents de nature et d'objet, formés chacun pour l'exercice d'une fonction spéciale et la création d'un produit particulier, puis rallié sous une loi commune et dans un intérêt identique. C'est une collectivité d'ordre supérieur, où chaque groupe *pris en lui-même pour individu* concourt à développer une force nouvelle, d'autant plus grande que les fonctions associées sont plus nombreuses, leur harmonie plus parfaite et la prestation des forces de la part des citoyens plus entière. En résumé, ce qui produit le pouvoir dans la société et qui fait la réalité de cette société

____

(1) *La Justice dans la Révolution*, t. I, 4ᵉ étude, p. 408.

elle-même est la même chose que ce qui produit la force dans les corps tant organisés qu'inorganiques et qui constitue leur réalité, savoir le rapport des parties (1) ».

Ce principe posé, Proudhon s'attache à montrer que le pouvoir social n'est pas en lui-même contraire à la justice.

« La force étant un attribut de toute réalité, et toute force pouvant s'accroître indéfiniment par le groupe, la conscience acquiert d'autant plus d'énergie chez les hommes et le respect de la justice de certitude que le groupe social est plus nombreux et mieux formé : c'est ce qui fait que dans une société civilisée, si corrompue ou asservie qu'elle soit, il y a toujours plus de justice que dans une société barbare (2). »

Jusqu'ici, Proudhon paraît plutôt favorable à l'État et en opposition avec les marxistes pour qui, quoi qu'on ait pu dire, l'État est l'effet et l'agent de la scission des classes, l'instrument du capital. Mais le fondateur du mutuellisme se pose le problème de la « corruption du pouvoir social ». Au lieu d'y voir, comme l'a bien prouvé Spencer, un effet de la guerre, il en fait une conséquence de la propriété ; par là il prélude à la fois au marxisme et à l'anarchisme.

« Par la constitution de la famille, le père se trouve naturellement investi de la propriété et direction résultant de la force du groupe familial. Bientôt cette force s'accroît du travail des esclaves et mercenaires, dont elle concourt à augmenter le

(1) *La Justice dans la Révolution*, t. I, 4ᵉ étude, p. 481.
(2) *Ibid.*, p. 487.

nombre. La famille devient tribu : le père, conser-
vant sa dignité, voit croître d'autant la puissance
dont il dispose. C'est le point de départ, le type de
toutes les appropriations analogues. Partout où
se forme un groupe d'hommes ou une puissance
de collectivité, là se forme un praticiat, une sei-
gneurie (1). »

Voilà l'idée qu'Engels a délayée dans un gros
volume d'histoire et d'ethnographie en y ajoutant
seulement une foule de contresens historiques.
Poursuivons (2).

« Le pouvoir social constitué en principat,
approprié par une dynastie ou exploité par une
caste, que deviennent ses rapports avec la nation ?
Ils sont complètement intervertis. Dans l'ordre
naturel, le pouvoir naît de la société, il est
la résultante de toutes les forces particulières
groupées pour le travail, la défense et la justice.
D'après la conception empirique, suggérée par
l'aliénation du pouvoir, c'est la société au contraire qui naît de lui ; il en est le générateur, le
créateur, l'auteur ; il est supérieur à elle ; en sorte
que le prince, de simple agent de la république
en est fait le souverain, et, comme Dieu, le justi-
cier (3). »

« A part ce que le prince possède à titre de
patrimoine ou domaine privé, à part aussi le
commandement des armées, la perception de
l'impôt et la nomination des fonctionnaires, le
principe est qu'il abandonne le surplus, terres,
mines, cultures, industries, transports, banques,

(1) *La Justice dans la Révolution*, t. I, 4ᵉ étude, p. 489.
(2) *Ibid.*, p. 492.
(3) *Ibid.*, p. 492.

commerce, éducation, à la libre jouissance, disposition absolue, concurrence effrénée ou coalitioı immorale de la classe privilégiée. Ce qui est du domaine économique est censé ne le regarder plus ; il ne doit se mêler de rien. En un mot, l'abandon à une caste de la véritable force sociale, voilà ce qu'on appelle limite du pouvoir et qu'on décore du nom de libertés publiques (1). »

Dans les *Contradictions économiques*, Proudhon formulait en quelques lignes, avec plus de précision encore, l'abrégé des théories politiques développées plus tard par le marxisme : « Du travail, de sa division, de la distinction du maître et du salarié, du monopole des capitaux surgit une caste de seigneurs terriens, financiers, entrepreneurs, bourgeois, maîtres et contremaîtres, faisant œuvre de consommer des rentes, de recueillir des usures, de pressurer le travailleur et, par-dessus tout, d'exercer la police, forme la plus terrible de l'exploitation, de la misère. L'invention de la politique et des lois est exclusivement due à la propriété (2). »

Après Proudhon, Marx et Engels pouvaient venir : la voie leur était ouverte. Proudhon leur avait épargné jusqu'à la peine d'inventer une explication de la guerre, à l'usage du socialisme.

« Toute nation, écrit-il, en qui la balance économique est violée, les forces de production constituées en monopole et le pouvoir public livré à la discrétion des exploitants, est *ipso facto* une naion en guerre avec le reste du genre humain. Le

(1) *La Justice dans la Révolution,* t. Ier, p. 493.
(2) *Œuvres complètes,* t. V, p. 401.

même principe d'accaparement et d'inégalité qui a présidé à sa constitution politique et économique le pousse à l'accaparement *per fas et nefas* de toutes les richesses du globe, à l'asservissement de tous les peuples (1). » Engels ne dira pas autre chose (2).

Notre prétention n'est pas de nier l'originalité de Marx et d'insinuer qu'il n'ait rien ajouté à Proudhon. Son éducation allemande le conduisait à tenir un plus grand compte de l'histoire et à tenter de la faire témoigner en sa faveur.

Mais, à cet égard, Marx, quoi qu'il ait dit, doit aussi beaucoup à Lassalle, c'est-à-dire, comme nous l'avons montré, à l'école de Hegel. Marx dédaignait la théorie de la *loi d'airain ;* mais, sans la loi d'airain, il n'eût jamais conçu la plus-value. Marx affectait un profond mépris de la philosophie, mais, sans la philosophie de l'histoire de Hegel, il n'eût jamais conçu sa loi de prévision sociologique, il n'eût pas induit un retour de la société à son organisation originelle, un retour au communisme par l'effet même du développement de la propriété.

L'originalité de Marx est d'avoir ramené tous les problèmes à un seul, le problème du capital, de sa nature, de sa formation ; d'avoir ainsi élaboré, au moins en apparence, une science économique en opposition à celle de Smith et de ses successeurs ; de l'avoir appuyée sur une conception nouvelle de la valeur ; d'en avoir déduit, avec une conception nouvelle de l'histoire du droit privé et

(1) *La Justice dans la Révolution,* t. Ier, p. 498. etc.
(2) Engels, *Origine de la famille,* pp. 264 et 273.

public, la prévision de nouvelles transformations sociales. Il a ainsi rendu possible une vraie discussion scientifique du socialisme.

Après lui, si nous exceptons le paradoxal, mais vigoureux Loria qui à bien des égards est plutôt un critique qu'un défenseur du socialisme, la doctrine n'a reçu que des modifications insignifiantes.

Mais, si Marx a fait la synthèse du socialisme, les éléments en avaient été préparés par ses prédécesseurs.

L'unité du socialisme est donc plus visible encore que sa variabilité. Nous pouvons donc le définir avec précision et indiquer les grandes lignes de la discussion qu'il appelle.

Le socialisme se présente comme un effort pour expliquer comment ont apparu l'entreprise capitaliste et la production marchande et pour en prévoir la disparition.

Le socialisme s'attache à distinguer deux choses identifiées par l'économie politique libérale, le capital et l'instrument de travail. Le capital est à ses yeux l'instrument des échanges qui, susceptible de se concentrer en un petit nombre de mains, permet à ses possesseurs d'ôter aux travailleurs les instruments de travail et d'imposer à ceux-ci un surtravail, grâce auquel il est sans cesse accru.

Le socialisme est donc la négation du rôle social de l'épargne; il n'admet aucun rapport entre l'abstinence et l'intérêt rapporté par le capital. Épargner, ce serait à la fois acheter du surtravail et tuer l'échange pour acheter ce surtravail à meilleur compte.

Mais le socialisme n'arriverait pas à un tel résul·
tat s'il acceptait la définition que les économistes
libéraux ont donnée de la valeur d'échange, s'il y
voyait *l'échangeabilité* des produits ou des services,
leur puissance réciproque d'achat. Le socialisme
nie tout rapport entre la valeur d'un produit et
le besoin que les consommateurs en ont. C'est
un effort pour mesurer la valeur des choses par la
durée du travail ou tout au moins par la force de
travail dépensée à les produire,

Nous avons dit au début que le socialisme est
la notion d'une société sans concurrence. Il nous
faut maintenant corriger cette définition dont
nous avions indiqué le caractère provisoire. Le socialisme se refuse en effet à voir dans la concurrence économique la forme sociale de la concurrence vitale et une conséquence indirecte de la
lutte de l'homme contre les choses extérieures ; il y
voit au contraire un fruit de la civilisation et un
phénomène purement transitoire. Nous pouvons
donc en compléter la définition ainsi : « *Le socialisme est la notion de l'avènement d'une société
sans concurrence grâce à une organisation de la
production sans entreprise capitaliste et à un système de répartition où la durée du travail serait
la seule mesure de la valeur.* »

On voit donc par là que la théorie socialiste appelle la discussion sur deux grands
points :

1° La formation du capital ;

2° La prévision des états sociaux futurs.

Le procès se plaidant entre le socialisme et l'économie politique traditionelle, celle-ci ne peut être
à la fois juge et partie. Nous laisserons donc de

côté les arguments des économistes et leur méthode de critique. Eu revanche, le socialisme fait appel à la méthode historique et comparative : c'est à cette lumière que nous l'examinerons, c'est selon cette loi que nous le jugerons.

CHAPITRE IV

CARACTÈRE THÉORIQUE ET INDÉCISION PRATIQUE
DU SOCIALISME

Nous risquons sans doute de surprendre certains lecteurs en leur présentant le socialisme comme une hypothèse sur l'origine, la nature et l'avenir des faits sociaux et économiques. Ils sont peut-être accoutumés à y voir un plan de reconstitution sociale ou tout au moins un ensemble de réformes législatives plus ou moins hardies ; peut-être même le socialisme n'est-il à leurs yeux que la somme des revendications ouvrières et la disposition à y faire justice.

Il est malaisé de réagir contre une habitude d'esprit ; ici toutefois il le faut. La plupart du temps une discussion sur le socialisme ressemble à une divagation parce que l'on ignore au fond sur quoi elle porte. On ne mettra fin à ce lamentable état de choses que si l'on va chercher le socialisme, non dans les délibérations des congrès ouvriers ou dans les déclarations des groupes parlementaires, mais dans les œuvres des quelques intelligences qui l'ont élaboré. Le socialisme est une théorie des faits économiques ; la vérité ou la fausseté de la théorie est indépendante de la valeur des applications que l'on se flatte d'en tirer.

Lorsque les groupes socialistes défendent contre des libéraux inconséquents la cause des associations ouvrières, lorsqu'ils demandent une surveillance sévère du travail des enfants et des femmes, et même la protection de la santé des adultes dans les industries insalubres, ils ne font rien qu'un partisan de la propriété capitaliste ne puisse approuver. Lorsqu'ils invitent les ouvriers et les employés à entrer dans les conseils locaux et les assemblées parlementaires, l'adhésion qu'ils obtiennent ne prouve rien non plus en faveur de leurs doctrines économiques.

Les prémisses du socialisme ont donné lieu à deux conclusions distinctes ; d'un côté, la limitation légale de la journée de travail (1), de l'autre, la socialisation des moyens de production. Bien que la première de ces mesures soit présentée comme propre à conduire sans secousse à la seconde, elle nous paraît en contradiction complète avec elle. S'il y a réellement surtravail dans l'industrie et si le capital est le fruit de ce surtravail, en mettant fin au surtravail par l'institution d'une journée normale de travail, on arrête net cette accumulation de capitaux qui serait la préface de leur socialisation. De toute façon, discuter la limitation légale de la journée de travail, c'est discuter la question même du surtravail ou le fond des théories socialistes.

Supposons que la revendication de la journée de huit heures ne soit qu'un artifice de procédure politique destiné à prouver que l'exploitation est sans remède tant que les instruments de travail sont entre les mains de la propriété privée : nous

(1) Karl Marx, *Capital*, ch. x.

devrions dès lors discuter la socialisation des moyens de production.

Mais une première question se pose : Comment définir clairement ces derniers, puisque tant de richesses ont selon l'aspect considéré le caractère de moyens de production ou de moyens de consommation ? Tels les maisons, les bestiaux, les jardins, les voitures. En réservant les moyens de jouissance à l'individu tandis qu'il donne les instruments de travail à la communauté, le socialisme ne sort pas de l'abstraction, de la théorie pure.

Entendons si l'on veut cette définition dans le sens le plus strictement socialiste et supposons la propriété réduite aux choses qui s'appliquent immédiatement aux besoins humains, sur quoi peut porter la critique ?

Serait-ce sur les effets de cette socialisation ? Mais quelles données puiserions-nous dans l'expérience, puisque, si l'ethnographie et l'histoire nous présentent de petites communautés collectivistes (au moins en apparence), elles ne nous offrent rien d'analogue à une organisation socialiste de la grande industrie moderne.

Discuterons-nous l'organisation de la production sociale ? Mais le socialisme ne nous présente rien de défini. La collectivité maîtresse des instruments de travail serait, selon les uns, la commune, selon les autres la nation, selon d'autres plus nombreux, la communauté internationale. Les causes de cette hésitation sont trop visibles. La commune est une collectivité définie, vivante, tangible : on comprend que beaucoup de socialistes songent à en faire l'héritière de la propriété capitaliste. Mais la commune n'est aujourd'hui qu'une pièce du grand atelier social. Lyon tisse la soie, Reims, Roubaix, la laine ; Lille, Tourcoing, la toile pendant que Rouen file et tisse le coton, que Paris raffine le sucre et fabrique les meubles. La commune est tributaire d'un marché et d'un atelier beaucoup plus étendu. La nation lui sera donc préférée par d'autres écoles, par l'école blanquiste notamment. Mais beaucoup d'entreprises sont internationales, non seulement à cause de leurs débouchés, mais à cause des capitaux qui y sont engagés. On conçoit aisément que les marxistes ne voient qu'une collectivité possible, l'humanité, l'internationalité. Ici la critique a la tâche vraiment trop facile. Le collectivisme serait donc ajourné après la disparition des états nationaux, des consciences nationales. Or jamais la conscience nationale ne s'est affirmée avec autant d'énergie, d'unanimité qu'au XIX° siècle, en Irlande comme en Grèce, aux Pays-Bas comme en Italie, en Bohême comme en Serbie, en Hongrie comme en Allemagne. La démocratie lui a donné une force qu'elle n'avait jamais connue (1). La civilisation, dira-t-on, est internationale. Mais qu'est-ce que la civilisation selon le socialisme, sinon le règne du capital, la division du travail social tendant à l'exploitation des classes laborieuses (2) ? Comment donc la civilisation pourrait-elle fournir un point d'appui à un collectivisme international ?

Supposons ce problème tranché : une nouvelle question se pose. Quel mode d'organisation adop-

(1) Albert Sorel, *l'Europe et la Révolution française*, *passim*.
(2) Engels, *Origine de la famille*, etc., ch. IX.

tera-t-on ? Le socialisme créera-t-il des services publics dirigés par des bureaux, à l'imitation de nos postes et de nos ponts et chaussées ? Ou, selon les vues d'Engels, remettra-t-il les instruments de travail à des associations libres et égalitaires de travailleurs ? (1) Ne posons pas cette question à nos tribuns, elle est trop indiscrète et ils ne sauraient quelle réponse y faire. Pourrions-nous tout au moins discuter les moyens propres à nous conduire de l'organisation capitaliste à l'organisation collectiviste ? Ici encore le sphinx socialiste se borne à nous proposer une énigme. Il « expropriera » les entreprises capitalistes ! Pouvons-nous croire que l'école socialiste parle ici la langue « bourgeoise » qui distingue l'expropriation pour cause d'utilité publique de la confiscation et du vol ? Toutefois, l'exposé des motifs de certains projets sur le retour des mines et des chemins de fer à la nation nous laisse perplexes. On n'y accorde en effet aux actionnaires et aux obligataires qu'une pension alimentaire conditionnelle. Socialiser », est-ce exproprier loyalement ? est-ce détrousser ? Nous l'ignorons.

Admettons l'interprétation pessimiste comme la plus vraisemblable, vu les haines dont le socialisme se fait gloire d'être l'interprète. Par quels procédés la secte confisquera-t-elle la richesse publique ? en bon français, comment serons-nous dévalisés, nous tous, dépositaires des caisses d'épargne, clients des compagnies d'assurances et des sociétés de secours mutuels ? Sera-ce par la constitution d'un parti de classe composé exclu-

(1) Engels, *Origine de la famille*, etc., p. 281.

sivement d'ouvriers ? Voici comment Blanqui jugeait ce plan de Karl Marx. « C'est l'abdication de toute idée politique et civique, le parquement des travailleurs dans une existence toute privée, purement matérielle. C'est leur dégradation intellectuelle et morale, la proclamation de leur infériorité comme caste. C'est une véritable abdication (1). »

Or la composition actuelle des états-majors socialistes où dominent les bourgeois nous laisse croire que l'on a obéi à l'esprit de Blanqui tout en répétant les formules de Marx.

D'ailleurs, en supposant cette question réglée par une transaction, le parti ouvrier acceptant le concours de certains bourgeois pour renverser la société bourgeoise, il en reste une autre où l'opposition des deux esprits se retrouve. Les uns croient au succès de l'action légale ; ils espèrent conquérir siège à siège la majorité dans les assemblées et installer le socialisme au pouvoir. Mais l'école blanquiste leur montre que le capital peut émigrer ou se cacher et frapper ainsi leurs projets d'impuissance (2); à cette légalité inefficace, elle oppose la nécessité d'une révolution violente et d'une dictature parisienne, car Paris est à ses yeux une véritable représentation nationale (3).

Rien de plus vague et de plus fastidieux que de telles discussions : elles ne nous sortent pas des banalités du journalisme vulgaire. Le système socialiste mérite mieux. Allons plus loin. Ces indé-

(1) Blanqui, *Critique sociale*, t. II. L'exclusivisme ouvrier, p. 348.
(2) Idem, *ibid.*, t. Ier, p. 203.
(3) Idem. *ibid.*, p. 208.

cisions, cette incertitude pratique, ne témoigneraient nullement contre le système s'il contenait une part de vérité théorique. Une formule de chimie industrielle peut avoir donné lieu à vingt essais d'application tous plus ou moins ruineux et cependant contenir en germe la fortune de milliers d'entreprises. De même nous ne devons pas juger la valeur pratique des doctrines d'un Marx, d'un Ferri, d'un Loria sur les essais informes des groupes socialistes contemporains. Si les théories étaient justes, même partiellement, la législation de l'humanité future pourrait y être contenue. En revanche, si la théorie économique du socialisme est fausse, si ses prévisions, si sa conception du progrès sont erronées, il n'est pas besoin de s'attarder à discuter les applications du système.

DEUXIÈME PARTIE

La Sociologie et la théorie du capital

CHAPITRE PREMIER

LA FORMATION DU CAPITAL. EXAMEN DE LA THÉORIE DU SURTRAVAIL

Le socialisme scientifique est avant tout une théorie des origines de la propriété capitaliste et de la formation du capital. Selon son fondateur, il n'y a aucun rapport entre le mérite moral de l'abstinence et le profit du capitaliste ; les explications des économistes sont enfantines (1). Marx ne paraît pas arrêté par la difficulté de fournir une explication nouvelle, car, si l'on y regarde bien, au lieu d'une, il en offre deux, d'ailleurs inconciliables.

Nous avons vu précédemment que, selon lui, le capitaliste achète la force de travail des ouvriers en traitant séparément avec chacun d'eux, puis les fait coopérer et profite ainsi de tout l'excès de puissance productive du travail combiné sur le

(1) *Le Capital,* ch. xxiv, § 3.

travail isolé (1). Il semble que, s'il en est ainsi, le profit de l'entreprise capitaliste soit suffisamment expliqué. Mais peu content, paraît-il, Marx trace du capital un tableau plus noir. Il en cherche l'origine dans le *surtravail*, c'est-à-dire dans le travail non payé. Le capital est du surtravail accumulé (2).

Remarquons-le, ces deux explications s'excluent. Si le profit, la plus-value du capital provient de la coopération, il ne provient pas d'une extorsion d'heures de travail. On peut s'étonner de voir ces deux explications juxtaposées dans le même ouvrage. Dans le premier cas, le profit du capital a une origine normale, mais, comme ce profit est distinct du capital lui-même, il faut chercher l'origine de celui-ci et on ne la trouve pas ailleurs que dans l'épargne. Dans le second cas, l'origine du capital se confond avec l'origine même de sa plus-value; l'une et l'autre sont les conséquences du parasitisme.

Les faits ne répondent peut-être pas à la distinction si tranchée faite par Marx entre le travailleur individuel, louant isolément sa force de travail, et le travailleur collectif, l'atelier, produisant grâce à la division du travail un produit extrêmement supérieur à la somme des forces isolées de chacun de ses membres. Nous voyons Marx raisonner toujours comme si l'ouvrier était incapable de la moindre réflexion sur ses intérêts. N'est-il pas vrai au contraire qu'il se forme dans l'atelier une conscience collective, que le travail-

(1) Voir page 68 du présent volume.
(2) *Le Capital*, 6ᵉ section et suivantes.

leur collectif arrive à sentir sa force et à exiger sa part des profits de la coopération ? Reconnaissons, toutefois, que l'analyse scientifique a ses exigences. Or l'on ne peut contester ici la finesse de l'analyse de Marx. Mais qu'en résul'e t-il ? C'est d'abord que le profit du capital est un fait normal, car cette division du travail d'où il résulte ne s'organise pas et ne se maintient pas d'elle-même ; elle suppose l'action d'une volonté, la présence d'une pensée. La preuve en est donnée par le succès si difficile des sociétés coopératives de production ; car, si le secret du capital est si simple, pourquoi les ouvriers ne le lui auraient-ils pas dérobé, au moins dans toutes les industries qui n'exigent pas un machinisme compliqué ? Une seconde conséquence est que l'ouvrier bénéficie comme consommateur de la puissance productive développée par la division du travail. En résulte-t-il que tout soit pour le mieux et que le *laissez-faire* soit la dernière conclusion de la science économique ? Nullement. L'ouvrier peut réclamer légitimement sa part des profits de la coopération, car il y met non seulement sa force, mais encore son intelligence personnelle, non toujours sans dommage. De là la liberté des coalitions et la légitimité des syndicats professionnels ; de là aussi des charges que la loi peut imposer à l'entrepreneur, notamment le risque professionnel en cas d'accidents. Si ces conclusions sont contraires à celles de la vieille économie politique et à la doctrine du laissez-faire, elles ne sont nullement socialistes ; elles ne contestent ni la légitimité de la propriété capitaliste ni le caractère normal du régime de l'entreprise.

Aussi, n'est-ce pas à cette explication du capital que Marx s'est arrêté ; tout son ouvrage est le développement de la théorie du surtravail ou de la plus-value.

La tâche de la critique sera seulement de peser les preuves qu'il apporte.

Elles sont au nombre de deux, l'une abstraite et déductive, se tire de la notion de la valeur qui doit, selon Marx comme selon Proudhon, être mesurée par la journée de travail ; l'autre, historique et inductive, n'est autre que l'analogie du servage et du salariat ; elle consiste à identifier le surtravail de l'ouvrier moderne et la corvée du serf.

La méthode historique et comparative que nous avons adoptée nous oblige à porter d'abord notre attention sur cette dernière preuve, dont l'autorité serait à nos yeux très supérieure à toute espèce d'argumentation déductive.

« Comparons, écrit l'auteur du *Capital*, le surtravail dans les fabriques anglaises avec le surtravail dans les campagnes danubiennes où le servage lui donne une forme indépendante et qui tombe sous les sens. Étant admis que la journée de travail compte 6 heures de travail nécessaire et 6 heures de travail extra, le travailleur libre fournit au capitaliste 6×6 ou 36 heures de surtravail par semaine. C'est la même chose que s'il travaillait trois jours pour lui-même et trois jours pour le capitaliste. Mais ceci ne saute pas aux yeux, surtravail et travail nécessaire se confondent l'un dans l'autre. On pourrait en effet exprimer le même rapport en disant par exemple que l'ouvrier travaille dans chaque minute 3o secondes pour le capitaliste et 3o secondes pour lui-même. Il en est autrement avec la corvée. L'espace sépare le travail nécessaire que le paysan valaque, par exemple, exécute pour son propre entretien de son travail extra pour le boyard. Il exécute l'un sur son champ à lui et l'autre sur la terre seigneuriale. Les deux parties du temps du travail existent ainsi l'une à côté de l'autre d'une manière indépendante. Sous la forme de corvée, le surtravail est rigoureusement distinct du travail nécessaire. Cette différence de forme ne modifie assurément en rien le rapport quantitatif des deux travaux. Trois jours de surtravail par semaine restent toujours trois jours d'un travail qui ne forme aucun équivalent pour le travailleur lui-même, quel que soit leur nom, corvée ou profit. Chez le capitaliste cependant, l'appétit de surtravail se manifeste par son âpre passion à prolonger la journée de travail outre mesure ; chez le boyard, c'est tout simplement une chasse aux jours corvéables (1). »

On voit ici l'esprit du socialisme : la substitution du salariat au servage aurait profité exclusivement à la classe capitaliste ; elle lui aurait permis d'alourdir la corvée en la déguisant. Affranchissement signifierait assorvissement.

Il y a ici une interprétation arbitraire des données les plus certaines de l'histoire économique, c'est-à-dire de l'histoire des origines de l'entreprise.

L'économie politique abstraite, la doctrine de l'école fondée en Angleterre par Adam Smith, a pris le régime de l'entreprise comme l'objet unique de son étude, mais en dehors de quelques

(1) *Le Capital*, ch. x, section 2, p. 101.

rares adeptes, on ne met guère en doute aujourd'hui qu'elle en ait mal rendu compte. Elle en a expliqué l'existence par les avantages que l'humanité en retire pour la satisfaction de deux de ses penchants, le penchant au plus grand gain et le penchant au moindre effort. Outre qu'une telle explication n'a rien de scientifique, elle conduisait la critique à montrer les inconvénients de ce régime économique, les penchants sociaux, moraux et religieux qu'il contrarie. S'il dépendait des tendances permanentes de la nature humaine, le régime de l'entreprise devrait être immuable, aussi ancien que l'humanité et fait pour durer autant qu'elle. Telle était la naïve idée que s'en faisait J.-B. Say quand il voulait le retrouver chez les Phéniciens. Or le régime de l'entreprise n'est apparu que très récemment dans les sociétés occidentales et est inconnu ailleurs.

L'école historique allemande a inauguré une phase nouvelle de la science. Les derniers représentants, Karl Bücher entre autres (1), ont pris l'apparition du régime de l'entreprise pour l'objet précis de leurs recherches historiques. Il se trouve que leurs conclusions concordent d'une façon surprenante avec les résultats des travaux entrepris à un tout autre point de vue par les historiens du droit privé et des institutions politiques, sir Henri Sumner Maine, Fustel de Coulanges, Dareste, Viollet, etc.

L'esprit de ces études est que, si l'entreprise capitaliste est le résultat d'une évolution, si par

____

(1) Karl Bücher, *En stehung der Volkswirthschaft!* Tübingen, 1893.

suite elle est susceptible de se modifier lentement dans l'avenir, elle répond cependant à une adaptation de l'humanité à ses conditions d'existence; elle s'est substituée progressivement à l'entreprise collective; elle résume les progrès industriels et sociaux de l'humanité.

Or, son histoire est celle de la liberté individuelle; celle-ci, si on la conçoit scientifiquement, n'est autre chose que l'aptitude de la personne à réagir sur le milieu social sans le troubler.

Remontons du présent au passé : nous voyons le régime de l'entreprise précédé immédiatement par le régime des corporations, c'est-à-dire par le monopole collectif. Mais la corporation elle-même a été précédée par une production familiale dont elle conservait encore bien des vestiges. Il est impossible de bien comprendre la corporation industrielle du moyen âge si on ne se la représente comme une extension et une spécification de de l'atelier domestique, familier lui-même à tous ceux qui ont étudié avec quelque discernement les écrivains de l'antiquité ou qui ont seulement lu avec quelque attention les *Economiques* de Xénophon.

Spencer caractérise ainsi cette filiation : « La continuation d'une affaire, d'un art ou d'une profession parmi les descendants est presque inévitable aux premières étapes de la société. Il est aisé d'apprendre le métier par un exercice commencé de bonne heure; le coût de l'éducation est minime et la conservation du tour de main dans la famille est désirable. Il y a de plus la raison que les groupes familiaux étant en antagonisme, il n'est guère possible qu'ils s'instruisent mutuellement.

Dans le cours des années l'adoption telle que
l'admission d'un apprenti étranger à la famille,
qui se pratique dans les groupes de tous les genres,
n'a qu'à devenir fréquente pour que le caractère
de la corporation comme groupe familial soit
obscurci. L'importance de la corporation comme
agent de gouvernement et son évolution probable
hors de la famille composée primitive se verront
clairement quand nous nommerons les traits communs aux deux : l'obligation de la vengeance du
sang ; la responsabilité des transgressions de ses
membres ; le devoir d'entretenir les membres incapables et enfin l'exécution de châtiments tels
que la mise hors la loi (1)."»

L'atelier domestique, la corporation, l'entreprise capitaliste, telles sont donc les trois phases
du développement économique. Si, réprimant la
tendance de l'imagination à peindre les institutions
représentées par ces mots de couleurs tantôt sé-
duisantes, tantôt repoussantes, selon les écoles et
les partis, nous nous adressons aux historiens
pour en connaître la vraie nature, nous verrons que
leur succession répond à une réelle ascension de
la liberté personnelle.

Dans son livre sur *le Domaine rural*, Fustel de
Coulanges nous fait une peinture précise de l'atelier domestique dans la société romaine. Après
avoir rappelé que la troupe d'esclaves qui culti-
vait un domaine s'appelait *familia* et nous avoir
mis en garde contre la tendance à attribuer quelque idée ou morale ou charitable à ce mot « qui
dans l'ancienne langue latine signifiait un objet

(1) Spencer, *Principes de sociologie*. § 513. Paris. F. Alcan.

possédé, un corps de biens », il nous apprend que cette troupe se divisait en deux parties bien distinctes, la *familia urbana* et le *familia rustica*, la première attachée au service personnel du maître, la seconde destinée à la culture du domaine. Ici laissons parler le grand historien lui-même.

« Au début de la période impériale nous trouvons dans Columelle une description assez nette de la *familia rustica*. Elle forme un groupe où personne ne travaille isolément ni librement. On la partage, suivant la nature des travaux, en plusieurs offices ou emplois qu'on appelle *officia* ou *ministeria*. Les uns sont laboureurs, les autres vignerons, les autres bergers. Si le domaine est très grand et les esclaves très nombreux, on les répartit dix par dix et l'on a ainsi des *décuries* de laboureurs, des décuries de vignerons, des décuries de bergers. Chaque décurie laboure, moissonne ou vendange en commun. »

« Dans cette troupe d'esclaves ruraux on compte des ouvriers. Il y a en effet des charrues et des voitures à construire et à réparer. Il y a sans cesse quelques travaux à faire aux bâtiments et aux toitures. Il y a le blé à moudre, le pain à cuire, les vêtements à tisser et à coudre. Le domaine doit avoir en soi tout ce qui est nécessaire à la vie. Il doit autant que possible ne rien acheter au dehors et ne pas appeler d'étrangers. Il est à lui seul un petit monde et doit se suffire à lui-même. Aussi y trouvons-nous des meuniers, des boulangers, des charrons, des maçons, des charpentiers, des forgerons, même des barbiers pour raser les esclaves. Il existe aussi dans le grand domaine un atelier de femmes *gynæceum ;* on y tisse les vêtements nécessaires à tout le personnel. Puisque le village libre, ainsi que nous l'avons dit, n'existe pas où est rare, il faut bien que tous les éléments de population qui vivraient dans un village de nos jours existent à l'intérieur du domaine rural de l'époque romaine. Mais ces hommes sont de condition servile, et ils appartiennent au propriétaire du sol (1). »

Il n'est pas prouvé, nous le reconnaissons, que l'existence de l'atelier domestique ait partout et toujours coïncidé avec le développement de l'esclavage que nous présente la période romaine impériale. Ici, comme on peut le voir, les travaux sont déjà très spécifiés ; l'atelier domestique a pu être ailleurs beaucoup plus rudimentaire. C'est dans les communautés taisibles du moyen âge et du monde slave moderne qu'il aurait offert au travailleur la condition la meilleure. Or la communauté taisible est si bien inséparable du servage que, comme le reconnaît M. de Laveleye lui-même, elle n'a pas survécu à l'affranchissement des serfs (2). Ceux qui opposent le régime de l'atelier domestique à l'exploitation moderne étudient les sociétés avec leur imagination. « Les seigneurs, écrit Laveleye, trouvaient un grand avantage à avoir comme tenanciers des communautés plutôt que des ménages isolés : elles offraient bien plus de garanties pour le paiement des redevances *et pour l'exécution des corvées.* Comme tous les membres de l'association étaient solidaires, *si l'un d'eux faisait défaut, les autres étaient obligés de*

(1) Fustel de Coulanges, *l'Alleu et le Domaine rural*, ch. I, § 4, Hachette, 1 vol. in-8.
(2) Laveleye, *De la Propriété et de ses Formes primitives*, ch. XXIII, p. 499, Paris. F. Alcan.

s'acquitter des prestations auxquelles il était tenu (1). »

Nous allons demander le tableau des corporations à un historien visiblement partial en leur faveur, le chanoine Janssen ; les traits défavorables n'en seront donc que plus énergiquement soulignés.

Du tableau enthousiaste que Janssen nous fait de la corporation allemande à la fin du moyen âge quatre traits ressortent avec une netteté incomparable : 1° la corporation participe à la fois de l'atelier domestique et de la congrégation religieuse ; 2° c'est un monopole héréditaire ; 3° ce n'est point une association d'égaux, mais une hiérarchie où le compagnon et l'appre ti ont la condition d'esclaves domestiques ; 4° le compagnon et l'apprenti sont obligés comme l'ouvrier moderne de défendre par la grève leur subsistance contre l'âpreté des maîtres, mais alors ils ont contre eux tous les pouvoirs publics (2).

« A l'origine, apprentis et compagnons étaient vis-à-vis du maître dans les mêmes rapports que les membres mêmes de la famille. L'admission d'un apprenti était, vu les grandes conséquences qu'elle avait pour toute la vie, un acte particulièrement solennel. Elle avait souvent lieu à l'hôtel de ville, devant les autorités municipales. On exposait « à l'ouvrier de naissance légitime » ses devoirs moraux et professionnels. On lui remettait ensuite une lettre d'apprentissage lui donnant

(1) Laveleye, *De la Propriété et de ses Formes primitives.*
(2) Jean Janssen, *l'Allemagne à la fin du moyen âge,* liv. III, ch. ii, trad. franç. 1 vol. in-8, Paris, Plon et Nourrit, 1887.

droit d'entrer dans la famille d'un maître. Le maître avait sur l'apprenti pendant tout ce temps d'apprentissage les mêmes titres à son obéissance que s'il eût été son père ; il lui enseignait son état d'après les règles et sous la surveillance du corps de métier. « Le maître qui se charge d'un apprenti, disent les règlements du temps, doit le garder jour et nuit dans sa maison, lui donner son pain, sa sollicitude et le tenir enfermé avec la porte et les gonds (1) ».

Si nous ajoutons à cela que les épreuves de l'apprenti n'entraînent pas le droit à la condition de compagnon et que « dans les premiers temps de leur admission les compagnons se trouvaient vis-à-vis de leurs maîtres et de la corporation dans les mêmes rapports que les simples apprentis (2) » et que, s'ils avaient dans la famille du maître « non seulement la nourriture et le logement, mais encore le feu, la lumière et le blanchissage », en revanche « la paresse, l'absence de la maison du maître pendant la nuit, la boisson, le jeu et la débauche étaient interdits aux compagnons comme aux apprentis et sévèrement punis (3) », nous pouvons conclure que la corporation est réellement l'atelier domestique agrandi et transformé sur le type du couvent. Elle fait de l'ouvrier, sa vie durant, non seulement un serviteur domestique, mais un enfant soumis au droit de correction.

Autre signe, l'hérédité. « L'appui de la corporation s'étendait aussi aux femmes et aux enfants des compagnons et des maîtres. Les enfants pre-

<hr>

(1) Jean Janssen, *l'Allemagne à la fin du moyen âge*, p. 316.
(2) *Ibid.*, p. 327.
(3) *Ibid.*, p. 317.

naient part aux services religieux et aux plaisirs pris en commun. *Devenus grands, ils étaient appelés de préférence à d'autres à faire partie de la société.* La continuation du métier par les veuves, les fils et les beaux-fils du défunt n'était que la conséquence toute naturelle de l'intime union qui régnait entre tous les membres de la compagnie (1). »

Janssen nous dit « que tout dans la corporation était réglé dans le principe de l'égalité et de la fraternité (2) ». De la fraternité, soit ! puisque la corporation n'est qu'une extension de la famille ; de l'égalité, non pas, si nous croyons son témoignage. Nous savons quelle est l'étendue de l'autorité du maître sur le compagnon et l'apprenti. La corporation est une hiérarchie où l'hérédité a sa part. Un fait capital suffit à nous montrer à quel point la négation de l'égalité en est le principe : c'est que les enfants naturels n'y peuvent être admis, c'est-à-dire se voient interdit le droit de vivre en travaillant (3). Rien de plus conséquent d'ailleurs : là où l'homme adulte ne perçoit pas les conséquences heureuses ou malheureuses de sa conduite, il n'est pas étonnant qu'il ait à répondre, enfant, des conséquences des fautes d'autrui et surtout de ses auteurs.

L'exclusion des enfants naturels nous édifierait assez sur le genre de fraternité qui règne dans les corporations. Elles font partie d'un type social où prévalent la hiérarchie et l'hérédité. « De même que le clergé formait un corps séparé, de même que

(1) Jean Janssen, *l'Allemagne à la fin du moyen âge*, p. 324.
(2) *Ibid.*, p. 319.
(3) *Ibid.*, p. 317.

toute la chevalerie composait une caste particulière et que les marchands du Saint-Empire romain d'Allemagne formaient une société distincte, les artisans eux aussi étaient fiers de leur association puissante qui reliait entre elles toutes les corporations industrielles (1). »

Nous ne devons point être étonnés qu'il y eût au sein même de la corporation une scission entre l'élément dominant et l'élément subalterne et que les compagnons entrassent en lutte avec les maîtres. Aussi Janssen termine-t-il son tableau optimiste par le récit de plusieurs grèves auprès desquelles les plus longues des nôtres sont des jeux d'enfants (2). L'histoire de Florence nous montre vers le même temps des crises plus formidables encore. Le soulèvement des Ciompi (juillet 1378) ne peut être comparé qu'aux journées de Juin et à la Commune de 1871.

Le tableau du régime corporatif nous prouve assez qu'il porte en lui-même la cause de sa décomposition. A lui seul il nous rend compte de l'apparition du régime de l'entreprise.

Pour qu'apparût l'entreprise capitaliste telle que nous la connaissons, trois conditions suffisaient : 1° il fallait que le travail industriel cessât d'être une concession de l'autorité et par suite un monopole ; 2° que l'autorité cessât de s'attribuer le soin de protéger les consommateurs contre les malfaçons des artisans en leur laissant la faculté de choisir eux-mêmes leurs fournisseurs ; 3° que les *maîtres*, devenus de simples entrepreneurs, ces-

(1) Jean Janssen, *l'Allemagne à la fin du moyen âge*, p. 324.
(2) *Ibid.*, pp. 323 et sq.

6.

sassent d'avoir sur les ouvriers une autorité paternelle et discrétionnaire et fussent liés désormais
avec eux par un contrat réciproque et bilatéral.
En d'autres termes, il fallait que la loi de famille
cessât de régir la condition des adultes.

Si nous pouvions douter que l'origine de la société fût dans la parenté et que la société se déve-
loppât par voie de composition graduelle, l'évolution de l'entreprise suffirait à nous l'apprendre.

Il est aisé de voir quel rapport existe entre ce
développement économique et le progrès du droit.
Le grand historien Sumner Maine a exprimé le
développement du droit civil par cette formule
elliptique qui résume les comparaisons faites par
lui entre l'Orient moderne et l'Occident, comme
entre l'Europe antique et barbare et l'Europe contemporaine : passage du statut au contrat (1). Le
sens de cette formule est que d'abord l'individu
est la propriété d'une société domestique ou, pour
mieux dire, du chef de cette société et que peu à
peu il conquiert la propriété de sa personne. Il
en résulte que si la parenté était d'abord l'unique
lien qui le rattachât à ses semblables, le contrat
librement formé se substitue à la parenté et relie
l'individu à un groupe humain infiniment plus
considérable. Entièrement passif à l'égard du petit
groupe domestique, il peut réagir sur le groupe
social étendu. Cette transformation juridique commence avec la substitution de la vie agricole à la
vie pastorale ; elle est consommée par l'avènement
de la société industrielle. C'est pourquoi elle cor-

(1) Sir H. Sumner Maine, *l'Ancien droit*, traduct. française, Paris, Guillaumin. *Les Institutions primitives*, Paris,
Thorin. *Études sur l'histoire du droit*, même librairie.

respond à la fois à la constitution de la propriété foncière et au déclin de son influence politique (1). Elle est parallèle à la substitution des sociétés politiques composées aux sociétés simples (2).

L'entreprise capitaliste apparaît donc comme inséparable d'un développement social très général. Mais cet état économique et juridique n'est-il pas transitoire? N'est-ce pas une crise de croissance, par suite un état anormal? La libre activité de l'homme, émancipée en apparence, n'y est-elle pas aussi ou même plus comprimée que précédemment? L'histoire de l'art et de la science vont nous répondre.

Il peut paraître étrange à de nombreux esprits de faire appel à l'histoire de l'art dans l'examen d'un problème économique. Le lourd snobisme de beaucoup d'économistes nous a déshabitués de reconnaître l'unité profonde des manifestations de l'activité humaine. Quoi de commun, dira-t-on, entre la statuaire et la filature, entre la peinture et l'exploitation d'une houillère? Toutefois un peu de réflexion nous prouvera que l'industrie et l'art sont deux formes de notre activité entre lesquelles la frontière ne saurait être tracée exactement. L'industrie des constructions est un des arts plastiques, peut-être le plus général de tous. Les industries du vêtement et de l'ameublement sont à bien des égards des arts. C'est par l'art que s'établit la relation entre le besoin d'une part, le travail et le savoir d'autre part. Seules les industries préparatoires, les industries mécaniques et chimiques

(1) Sumner Maine, *Early Law and Customs*, trad. fr., ch. IX.

(2) Idem, *Institutions primitives*, ch. XIII.

se distinguent des arts, mais en somme elles ne sont pas non moins subordonnées aux arts qu'aux sciences.

Après Comte et Proudhon, on mettrait difficilement en doute que la sociologie économique dût étudier les rapports de la science et du travail. Or les rapports du travail et de l'art sont beaucoup plus anciens et beaucoup plus étroits.

En effet, comme l'a montré M. Espinas, et comme l'avait déjà indiqué Kant, l'art est en quelque sorte l'instinct de l'humanité. L'enfant n'a qu'un instinct, le jeu. De l'instinct, le jeu a les principaux caractères : il est inné, il est spontané, il est irrésistible ; il tend inconsciemment à un but utile, au développement des organes et des facultés de l'agent. Le jeu est d'abord chez l'enfant un instinct purement destructeur et subsiste longtemps sous cette forme ; mais peu à peu cet instinct fait place à un autre, l'instinct constructeur. Ici nous sommes au seuil même de l'art.

L'instinct de l'animal le conduit déjà à agir sur le monde extérieur, à transformer pour son usage et celui de sa postérité une portion de matière (1). Chez l'homme, cette disposition s'amplifie et se transforme. Les instincts constructeurs de l'animal sont subordonnés strictement à ses besoins et aux conditions externes. La part de l'invention y est à peu près nulle ; c'est même pourquoi l'art y est si facilement héréditaire. Chez l'homme, l'art s'affranchit toujours davantage des conditions externes et des besoins immédiats pour relever des lois de l'esprit.

(1) Alfred Espinas, *les Sociétés animales*, Conclusion, § 1, VIII, p. 522.

C'est pourquoi les arts industriels sont de si bonne heure les beaux-arts. Les hommes de la pierre taillée sculptaient la corne et gravaient sur l'os à la pointe d'un silex. Les hommes de la pierre polie ne pouvaient élever un tombeau sans symboliser une idée. Les industries de l'Égypte et de la Babylonie comme celles de la Chine et du Japon moderne, sont imprégnées de symbolisme esthétique. Dira-t-on que nos habitations, nos vêtements, nos ameublements, répondent seulement à nos besoins ? Ne sont-ils pas l'expression d'un idéal ou, si le mot est trop pompeux, d'un cérémonial, d'un symbolisme auquel nos besoins mêmes sont astreints à se plier, leur satisfaction dût-elle en souffrir ? Proudhon l'avait bien remarqué : l'art est tout pour l'homme. Il ne veut rien voir autour de lui qui ne porte la marque de sa pensée, ou, pour mieux dire, il n'y a de naturel pour l'homme que ce qui est artificiel. L'intelligence des faits sociaux est refusée à celui qui ne le comprend pas.

L'importance de l'art étant ainsi mise en lumière, quelle est la loi de son développement ? Il n'est pas besoin d'être un profond archéologue pour l'apercevoir.

C'est d'abord la spécification. Chez les primitifs la musique n'est point distincte de la poésie, de même que la peinture et la statuaire ne sont pas isolées de l'architecture. Chez les Grecs, la spécification commence. Chez les modernes apparaissent en musique, en peinture, en architecture, des genres indépendants.

A cette transformation en répond une autre : le passage de l'art impersonnel et collectif à l'art personnel. Considérons les cathédrales du moyen âge : elles ont été édifiées avec une majestueuse lenteur par le travail additionné de plusieurs générations d'architectes, de sculpteurs, de peintres. Au contraire, à dater de la Renaissance, chaque monument, chaque tableau, chaque statue, chaque bas-relief est signé d'un nom propre. Il en est de même de l'art grec comparé à l'art oriental.

Cette *individuation* des œuvres d'art répond d'ailleurs à la sécularisation de la pensée qui les inspire. L'art primitif est un art religieux. Le tombeau, le temple, les rites funéraires, les cérémonies religieuses, tels en sont les objets et les causes. L'art grec et plus encore l'art moderne s'émancipe de la tutelle religieuse. Il commence par jouer avec le mythe et le dogme. Mais ces œuvres, qui en apparence sont religieuses, cessent peu à peu de refléter la croyance collective pour exprimer la pensée de l'artiste jusqu'au moment où l'art sort du cadre tracée par la religion et demande ses inspirations à toute la nature, à toute la vie.

Est-il besoin de montrer que cette transformation de l'art impersonnel et religieux en art personnel et laïque correspond trait pour trait à la transformation de l'atelier domestique et de la corporation en libre entreprise?

Le développement de la science ne nous retiendra pas. Personne n'ignore que la connaissance humaine a passé de la tradition au libre examen. La réaction croissante de la personnalité est ici un fait si indéniable et si peu contesté, que nous pouvons nous borner à en faire mention.

La loi de développement de l'intelligence

humaine confirme donc et éclaire l'histoire du développement économique. L'humanité passe de l'atelier domestique à l'entreprise capitaliste comme elle passe de l'art impersonnel à l'art personnel, de la tradition à la discussion, de l'assujettissement aux choses à l'empire sur les choses et, ajouterions-nous, du combat entre les sociétés domestiques à l'arbitrage et à la coopération des individus.

On voit combien l'histoire justifie peu l'hypothèse marxiste.

La théorie qui pour nous rendre compte du capital nous représente l'ouvrier soumis insidieusement à la corvée est fille de cette conception historique qui résume l'histoire du travail en ces trois mots : esclavage, servage, salariat. Or cette histoire est simpliste à l'excès. Le serf rural s'est transformé en petit propriétaire, en métayer, en petit fermier, plus souvent qu'en salarié. Quant au salariat industriel, c'est une transformation, non du servage, mais du compagnonnage, c'est-à-dire du régime corporatif.

Le développement de l'entreprise répond, ainsi qu'on peut le voir, au passage effectué par l'humanité d'une civilisation purement agricole, telle que celle des Romains et des Égyptiens, à une civilisation à la fois agricole et industrielle ; il correspond au progrès de la division du travail. On a donc par là la preuve que l'origine des profits du capital réside non dans le surtravail de l'ouvrier, mais bien dans la coopération.

Cette preuve reçoit constamment sous nos yeux une confirmation surprenante. On sait combien sont faibles les profits de 'industrie agricole si on les compare à ceux de l'entreprise industrielle ; on sait aussi combien les salaires des ouvriers des champs sont inférieurs à ceux des ouvriers de l'usine. Le journalier rural, véritable prolétaire, ne travaille guère que pour ses aliments et aliène toute sa liberté. Or, dans l'entreprise agricole, même la plus perfectionnée, le travail n'est jamais que très faiblement divisé.

Attachons-nous à cette indication et nous voyons achever de s'évanouir les preuves inductives que le marxisme croyait apporter à l'appui de la théorie du surtravail.

L'homme vit d'abord des fruits spontanés du sol. Le raisonnement nous apprendrait, l'observation nous prouve que, aussi longtemps que la terre lui fournit sans travail des aliments, l'homme s'abstient de travailler. Le nègre vit de ses bananes, le Corse de ses châtaignes. Le travail apparaît quand les fruits spontanés du sol deviennent insuffisants, c'est-à-dire quand la densité de la population a augmenté. C'est pourquoi l'âge du travail commence, eu égard à cette densité, plutôt dans les régions tempérées et septentrionales que dans les régions tropicales où il y a toujours moins d'énergie et moins de besoins.

S'il en est ainsi, l'homme tendra en général à borner son travail à l'effort nécessaire pour suppléer à la productivité spontanée du sol. Il ne donnera donc jamais la moindre part de son activité gratuitement, s'il n'y est contraint par une autorité ayant la puissance de le châtier.

L'esclavage, tel est l'unique moyen d'obliger le travailleur à céder gratuitement une partie de son temps. Le maître a en effet sur l'esclave le même pouvoir que sur l'animal domestique ; il peut le dompter par la faim et les tortures, il peut lui infliger des corrections.

Néanmoins l'éloignement de la nature humaine pour un travail dont l'auteur ne tire aucune jouissance ou ne peut faire profiter les siens est tel, que le travail de l'esclave a toujours été très faiblement productif et que les maîtres ont été conduits à le transformer.

Lorsqu'on étudie la société romaine, on aperçoit clairement à quelle condition l'esclavage était pour le maître une source de profits : c'est que tout esclave pouvait devenir un affranchi. Or l'affranchi rachetait sa liberté. Amener l'esclave à se créer une épargne, un pécule pour payer son affranchissement, lui laisser par conséquent, outre sa subsistance, une partie des fruits de son travail, tel fut le procédé employé par la partie intelligente des propriétaires de l'antiquité. C'était déjà le conseil que, dans les *Économiques* de Xénophon, Socrate donnait à Ischomaque ; c'est celui que Varron prodiguait aux agriculteurs de son temps. Là et non dans la prédication chrétienne est la véritable origine du servage (1).

Quelle est la différence du servage et de l'esclavage ? Le droit et la morale n'y sont pour rien ; la réciprocité des intérêts a tout fait. Le serf est un esclave *manant* (*servus manens*), un esclave *casé* (*servus casatus*) ; c'est un esclave qui a reçu du bon plaisir du maître un lot de terre, un manse ; il le cultive pour lui ; il le transmet à ses enfants

____

(1) Fustel de Coulanges, *l'Alleu et le Domaine ural,* ch. IX, X, XI.

sans aucun titre d'ailleurs ; en revanche, il est astreint à une redevance et surtout à un certain nombre de jours de corvée sur les terres du maître (1).

Ainsi, pour consolider ses profits, le maître a dû les abandonner en partie : il a dû renoncer à son droit sur le rendement de toutes ses terres, à son droit sur tout le travail de ses esclaves.

Si donc les obligations du serf viennent à prendre fin, s'il conserve sa terre sans être astreint à la corvée, on voit à quoi doit tomber le revenu foncier.

Grâce aux travaux des historiens du droit, notamment à ceux de M. Viollet, nous savons comment la formation du capital a correspondu à la diminution du revenu que le propriétaire foncier oisif prélevait sur le travail du cultivateur. Nous voyons, à mesure que les serfs s'émancipent, les propriétaires fonciers donner leur terre en bail à cens ou à rente, bref, en céder l'usage contre une redevance ordinairement faible et que l'avilissement de la monnaie réduisit à rien. Nous les voyons commanditer les entreprises des commerçants et des artisans. Nous voyons se constituer l'hypothèque ou mortgage ; d'abord simple procédé de contrainte envers un débiteur récalcitrant, l'hypothèque devient un moyen de crédit à l'usage du propriétaire foncier (2). Mais, comme on le voit encore aujourd'hui dans toute l'Europe orientale, le crédit foncier est l'agent le plus infail-

____

(1) Fustel de Coulanges, *l'Alleu et le Domaine rural*, ch. XIII et XIV.

(2) Viollet, *Précis de l'histoire du droit français* (Droit privé), ch. V et VI.

lible de la disparition de la propriété féodale (1).

Voilà donc le règne du capital arrivé, non point parce que le travailleur a été chassé du sol, mais au contraire parce qu'il en a pris possession. Or si, laissant de côté les déclamations, nous examinons les faits, nous voyons que le revenu du capital était, dès l'origine, soumis à la même loi d'abaissement que le revenu de la propriété foncière. L'abaissement du taux de l'intérêt est un phénomène aussi inévitable que l'avait été la substitution du servage à l'esclavage, et du travail libre au servage.

La cause en est la même, c'est que l'homme aime trop peu le travail manuel pour en donner une minute à autrui gratuitement. A cet égard, on fait au régime capitaliste deux reproches contradictoires. Il a rompu tout lien d'amitié entre l'ouvrier et le patron, disent les sentimentalistes. — Il est affamé de surtravail plus que ne l'a jamais été l'esclavagisme, disent les raisonneurs « glacés ». Mais c'est parce que l'ouvrier n'est plus le « compagnon » de l'entrepreneur, c'est parce que le patron est bien souvent une « raison sociale », qu'il ne lui donne, on peut en être certain, aucune seconde de son travail. En vérité, les ouvriers avaient-il attendu les révélations de Marx sur les mystères de la plus-value pour obtenir une proportion exacte entre les heures de travail et le salaire ?

L'histoire et la méthode comparative ne sont appelées chez Marx qu'à confirmer une conclusion

(1) Courcelle-Seneuil, *Traité des Opérations de banque, passim.* Anatole Leroy-Beaulieu, *l'Empire des Tsars et les Russes.*

tirée déductivement de la théorie de la valeur. Laissons-le parler lui-même. « A la surface de la société bourgeoise, la rétribution du travailleur se représente comme le salaire du travail : tant d'argent payé pour tant de travail. Le travail lui-même est donc traité comme une marchandise dont les prix courants oscillent au-dessus ou au-dessous de sa *valeur*. »

« Mais qu'est-ce que la valeur ? La forme objective du travail social dépensé dans la production d'une marchandise. Et comment mesurer la grandeur de valeur d'une marchandise ? Par la quantité de travail qu'elle contient. Comment dès lors déterminer par exemple la valeur d'une journée de travail de douze heures ? Par les douze heures de travail contenues dans la journée de douze heures, ce qui est une tautologie absurde :

« Pour être vendu sur le marché à titre de marchandise, le travail devrait en tout cas exister auparavant. Mais, si le travailleur pouvait lui donner une existence matérielle, séparée et indépendante de sa personne, il vendrait de la marchandise et non du travail. »

« Abstraction faite de ces contradictions, un échange direct d'argent, c'est-à-dire de travail réalisé contre du travail vivant, ou bien supprimerait la loi de la valeur qui se développe précisément sur la base de la production capitaliste, ou bien supprimerait la production capitaliste elle-même, qui est fondée précisément sur le travail salarié. »

« Mettons que la force de travail est une valeur journalière de trois francs et que la journée de travail soit de douze heures. En confondant maintenant la valeur de la force avec la valeur de sa fonction, le travail qu'elle fait, on obtient cette formule : *Le travail de douze heures a une valeur de trois francs.* Si le prix de la force était au-dessous ou au-dessus de sa valeur, soit de quatre francs ou de deux, le prix courant du travail de douze heures serait également de quatre francs ou de deux. Il n'y a rien de changé que la forme... »

« N'étant qu'une expression irrationnelle pour la valeur de la force ouvrière, la valeur du travail doit évidemment être toujours moindre que celle de son produit, *car le capitaliste prolonge toujours le fonctionnement de cette force au delà du temps nécessaire pour en reproduire l'équivalent.* Dans notre exemple, il faut six heures par jour pour produire une valeur de trois francs, c'est-à-dire la valeur journalière de la force de travail, *mais, comme celle-ci fonctionne pendant douze heures,* elle rapporte quotidiennement une valeur de six francs. On arrive ainsi au résultat absurde qu'un travail qui crée une valeur de six francs n'en vaut que trois. Mais cela n'est pas visible à l'horizon de la société capitaliste (1). »

Bref, la théorie du surtravail est déjà impliquée dans la notion que Marx a donnée de la valeur. Bien que Loria accuse son émule en socialisme d'avoir détruit dans le troisième volume du *Capital* cette doctrine fondamentale, examinons-la comme si elle était définitive (2).

Bien souvent on a critiqué les lois que l'économie abstraite a données de la valeur. Cette science a trouvé des censeurs sévères parmi des socio-

____

(1) *Le Capital,* 6° section, ch. xix.
(2) Loria, cité par Garofalo, *la Superstition socialist,* Paris, F. Alcan.

logues fort peu suspects de socialisme; tel, M. Gabriel Tarde. Toutefois les économistes semblent avoir mis hors de doute deux points fondamentaux : le premier est que la valeur d'un produit dépend de l'étendue de ses débouchés et du nombre des producteurs qui se les disputent ; le second est que la valeur de tout produit dépend de la valeur des produits que doivent consommer ceux qui l'élaborent, par suite que la valeur de certaines classes de produits détermine constamment celle des autres. Les produits dont la valeur est déterminante sont en premier lieu les denrées alimentaires, en deuxième lieu les matières premières de l'industrie. Les produits dont la valeur est déterminée sont les objets manufacturés. Encore la valeur des objets consommés par l'ensemble de la classe ouvrière est-elle déterminante à l'égard des objets de luxe.

La loi de l'offre et de la demande, aujourd'hui si persiflée, signifie qu'un produit a d'autant plus de valeur qu'il a un débouché plus étendu disputé par moins de producteurs. Mais ces deux facteurs ne sont pas de même importance. On ne saurait mettre la compétition des producteurs en regard de l'étendue du débouché, car elle a plutôt pour effet la diminution de la qualité que celle de la cherté. Bref, la loi de l'offre et de la demande se ramène à la loi des débouchés dont l'évidence n'est pas niable.

L'ordre des valeurs est le fond de ce qu'on a nommé la loi des salaires, loi due aux analyses de Ricardo. La valeur d'un produit a toujours un minimum exprimé par le taux des salaires nécessaires à l'entretien de ceux qui le produisent, mais le taux des salaires est déterminé par la valeur des produits indispensables à l'entretien de la vie humaine, c'est-à-dire des denrées alimentaires. Il en résulte que c'est en définitive du rendement des terres que dépend la série des valeurs. Or ce rendement est inégal, car, à mesure que croît la population, il faut cultiver des terres plus ingrates.

Or le socialisme a conservé la seconde loi de la valeur et rejeté la première. La valeur dépend aux yeux de ses défenseurs exclusivement de l'entretien des travailleurs ; elle est indépendante de l'étendue des débouchés.

Selon Marx, la valeur d'un produit est proportionnelle à la force de travail dépensée en le produisant et par conséquent à la durée du travail. En effet chaque homme possède, emmagasinée en quelque sorte dans ses muscles, ses nerfs, son cerveau, une certaine quantité de force susceptible d'être convertie en travail. Cette force doit être réparée par la consommation de produits. Par suite, plus longue est la durée du travail exigé par la production, plus grande sera la valeur du produit.

Au premier abord, cette théorie frappe par une sorte de rigueur apparente, mais l'examen en découvre bientôt le côté sophistique.

Le rapport entre la force dépensée et la réparation exigée par la nature n'est pas fixe ; il varie avec l'âge, la race, la santé. Toutefois, on peut légitimement admettre l'existence d'une moyenne. Ceci accordé, il est visible que les différents travaux exigeant des capacités fort inégales, la durée du travail devient un facteur très secondaire, et la rareté de la capacité un facteur beaucoup plus important. Marx constate cette difficulté. Il croit la résoudre en distinguant le travail simple du travail complexe, celui du tisseur par exemple et celui de l'horloger. Une journée du travail de l'horloger vaudrait deux journées du travail du tisseur (1).

Or sur quoi est fondé ce nouveau rapport ? Ce ne peut être sur la notion de la force de travail dépensée, car, dépendant des lois de l'organisme humain, elle est la même chez le tisseur et chez l'horloger. Ce sera donc sur la difficulté du travail. Mais comment évaluer en *durée* des différences de *capacité ?* La difficulté du travail ne peut élever la rémunération du travailleur qu'en rendant la concurrence plus difficile.

Marx est donc acculé à ce dilemme : ou la valeur est déterminée par la concurrence, ou elle dépend strictement de la durée du travail quelle que soit la nature de ce dernier. Dans le premier cas, la théorie s'écroule, mais elle n'est pas moins malade dans le second, car le cercle vicieux y est manifeste.

Si tous les travaux ont la même valeur, une organisation communiste peut seule assurer la division du travail, car personne n'assumera la tâche de s'initier à des travaux industriels compliqués pour se contenter de la rémunération qu'obtient un travail simple.

Si nous ne savions déjà, par la lecture du *Manifeste* de 1847, que Marx, après avoir adopté le communisme comme un article de foi, a cherché à

(1) *Le Capital,* p. 84, notamment la note : de la deuxième colonne.

le justifier en sophistiquant les notions économiques, une simple analyse de son œuvre nous l'apprendrait. Elle suppose la vérité du communisme implicitement reconnue.

Une aussi fragile théorie de la valeur ne peut donc servir de preuve à la théorie du capital. Allons plus loin : la légère part de vérité qu'elle renferme autorise à conclure contre la doctrine qui voit dans le surtravail l'origine du capital.

La valeur du travail, avons-nous dit, a deux facteurs : l'un est l'étendue des débouchés ouverts aux produits, l'autre est l'entretien des producteurs. Le socialisme néglige indûment le premier de ces facteurs et n'a du second qu'une notion à la fois trop abstraite et trop matérielle. Il est indéniable toutefois que la valeur du travail dépend normalement du rapport entre la force ou l'activité intellectuelle dépensée et la réparation obtenue.

Ceci admis, si l'on considère l'ensemble des travailleurs comme formant un être unique, un homme collectif, on peut dire que la valeur du travail est en raison inverse de la force totale dépensée et en raison directe du produit applicable aux besoins.

La valeur du travail croît donc à mesure qu'en échange d'un produit égal ou supérieur l'ensemble des travailleurs est astreint à un moindre effort musculaire, à une moindre déperdition de force.

Or, bien que socialistes révolutionnaires, socialistes sentimentaux, chrétiens sociaux, etc., répètent à l'envi avec Stuart Mill que les machines n'ont encore épargné une heure de fatigue à aucun être humain, la chimie et la physiologie témoignent clairement en sens opposé.

« L'Indien, écrit Liebig (1) dans un ouvrage classique, dépense dans ses chasses pénibles une somme considérable de force, mais l'effet produit est très faible et n'est point en rapport avec cette dépense. Le caractère de la civilisation, c'est l'économie des ressorts. La science enseigne quels sont les moyens les plus simples pour obtenir un maximum d'effets avec la moindre dépense de force organique, pour surmonter un maximum de résistance avec des moyens donnés. »

« Toute dépense inutile, tout gaspillage de forces dans l'agriculture, dans l'industrie ainsi que dans la science et surtout dans l'État, dénote une civilisation incomplète, un état de barbarie. Ce qui distingue notre époque des temps antérieurs, c'est cet accroissement extraordinaire de force dû aux progrès des sciences physiques et mécaniques. »

La science, en chargeant les machines du service des esclaves, a rétabli une plus juste proportion entre les forces physiques et la force organique (1) ».

La valeur du travail croît donc avec les machines et la coopération, c'est-à-dire avec la capitalisation. Ainsi tout ce qui diminue la dépense de force exigée pour la fabrication d'un produit dans un temps donné augmente par là même la valeur réelle du travail.

Dira-t-on qu'il y a là une ironie et que cet accroissement de la valeur du travail ne profite qu'à l'entrepreneur? Nous répondrons que la théorie marxiste oublie que l'ouvrier est consommateur

----

(1) Liebig, *Nouvelles Lettres sur la chimie*. Lettre trente-cinquième. Trad. française, Paris, Victor Masson.

en même temps que producteur et que la valeur
de son travail consiste dans un rapport entre
l'intensité de son effort et la quantité du produit
qu'il peut se procurer en échange de son salaire.
Or le capital ne peut se constituer sans diminuer
le premier et augmenter le second.

CHAPITRE II

LA CONSOMMATION IMMÉDIATE ET LA CONCURRENCE VITALE

Une société doit produire à la fois les objets nécessaires aux besoins de ses membres et les moyens, sinon d'accroître, au moins d'entretenir sa production. Cette dernière fonction est confiée à l'épargne ; elle n'est pas moins importante que l'autre. L'épargne est à la fois le fruit et l'agent de la civilisation. Il importe de savoir ce qu'en fait la théorie socialiste du capital.

Nous avons été habitués par l'économie politique traditionnelle à considérer l'épargne comme une consommation reproductive. L'épargne française par exemple a construit le canal de Suez ainsi que les chemins de fer de la France, de l'Algérie et de plusieurs autres pays : il y a donc eu commande d'ouvrage, distribution de salaires, création d'entreprises qui ont à leur tour stimulé la production et l'échange.

Or le socialisme ne conçoit pas au fond l'épargne autrement. Cependant, épargner ne consisterait pas, selon ses auteurs, à rémunérer des services productifs, mais bien à acheter du surtravail. Pour le socialiste comme pour l'économiste, épargner c'est capitaliser, c'est-à-dire créer ou commanditer une entreprise. Mais, aux yeux du socialiste, capitaliser c'est consacrer une somme d'argent A à acquérir une somme plus forte A'; le moyen, c'est d'acheter une marchandise toujours disponible, la force de travail. L'échange normal au contraire consiste à céder une marchandise M contre de l'argent A pour obtenir une autre marchandise M'.

Le socialisme considère donc l'épargne comme un fait anormal, un cas de parasitisme.

Ici, les naïvetés de l'enfant terrible du socialisme, Auguste Blanqui, commentent avec lucidité les abstractions algébriques de Marx. La consommation immédiate, c'est là qu'il faut tendre, car « l'épargne tue l'échange » et contrarie la division du travail! Il faut que Gobseck achète les meubles de Lazare, même s'il n'en a aucun besoin. Se priver, c'est faire acte de vautour (1).

Les marxistes auraient tort de faire ici les dédaigneux. Blanqui ne tient pas un autre langage qu'eux. A leurs yeux, convertir une marchandise M en monnaie A pour obtenir une autre marchandise M' est normal, mais à une condition, c'est que M' ne puisse être à son tour converti en A', sinon le cercle de la capitalisation va commencer. Il faut donc que M' représente seulement des objets de consommation. Achetez une maison, mais habitez-la tout entière; si vous en louez seulement une pièce, vous voilà capitaliste, c'est-à-dire parasite et vampire. Que ne laissez-vous les gens dormir à la belle étoile! Vous ne seriez pas suspect d'un tel crime!

(1) *Critique sociale*, t. Iᵉʳ. Capital et Travail, dialogue de Lazare et de Gobseck.

Le socialisme est donc la *théorie de la consommation immédiate*. Or la consommation immédiate répond à l'état sauvage, à une phase de la vie sociale où la subsistance de l'homme dépend exclusivement des facteurs externes, faune, flore, climat et terrain, où la vie sociale est au minimum. Encore convient-il de remarquer que beaucoup d'animaux sociables ont déjà dépassé ce stade. Il n'est pas besoin de rappeler que les chiens sauvages, la plupart des rongeurs, les fourmis, construisent des magasins et font des provisions. Les approvisionnements des campagnols sont célèbres. Or toutes ces espèces sont sociables. La solidarité des générations devient pour l'homme un nouveau motif d'épargne. Il n'attend pas qu'on lui impose un surtravail pour assurer à sa postérité une condition meilleure que la sienne, il se l'impose à lui-même :

Mes arrière-neveux me devront cet ombrage.

Il est naturel que l'épargne prenne un essor nouveau avec la division du travail ; il est naturel que l'on achète dans un pays où elles sont à vil prix des denrées pour les revendre dans des pays où elles sont rares et que ce commerce de spéculation, déjà décrit par les *Economiques* de Xénophon, devienne un stimulant de la capitalisation, il est naturel que le commerce maritime fasse apparaître la banque à sa suite comme le montrent les plaidoyers de Démosthènes et d'Isocrate.

Bref, plus l'homme devient capable de prévoyance et apte à mettre ses efforts d'accord avec ceux de son semblable, plus le penchant à l'épargne vient réprimer le penchant à la consommation immédiate.

Mais le socialisme n'est pas seulement en désaccord avec la loi de développement de l'humanité : il est deux fois en contradiction avec lui-même.

Le socialisme, avons-nous dit, est avant tout la notion d'une société sans concurrence. Or comment le socialisme compte-t-il abolir les vestiges de la concurrence vitale? En substituant la consommation immédiate à l'épargne et en réduisant le travail au minimum strictement exigé par cette consommation! Les chefs de l'école ont raison de chercher leur type social chez les Iroquois. La consommation immédiate et la crainte de tout travail supérieur à l'effort nécessaire pour réparer les forces physiques dépensées, tels sont bien les traits des populations sauvages, telle est bien l'imprévoyance de l'homme primitif. Mais c'est précisément en s'éloignant de cet état mental et social, c'est en acquérant la prévoyance et l'énergie productive résumées l'une et l'autre dans les habitudes d'épargne, que les races supérieures ont pu adoucir la lutte pour l'existence.

Si les socialistes savaient pratiquer la méthode historique et comparative, ils verraient les populations d'autant plus éprouvées par la famine et les épidémies qu'elles sont plus réfractaires à l'épargne et à l'entreprise. Le tableau le plus sombre que l'on puisse faire de la misère actuelle est riant si on lui oppose les disettes du moyen âge et même celles de 1709 et de 1788. En 1891, la Russie orientale, la partie de l'Europe où s'est le mieux conservée la propriété collective a souffert d'une disette presque aussi grave. En développant en Algérie la société capitaliste, la France y a remédié aux famines qui moissonnaient les populations indigènes restées en partie collectivistes. Dans l'Inde fleurit la propriété collective de la commune : c'est aussi la terre classique des grandes épidémies et des grandes famines, auxquelles cette organisation si vantée n'oppose, au témoignage de Lyall, qui l'a si bien décrite, aucune résistance.

La peste qui à Marseille faisait encore en six mois trente mille victimes en 1720 a cessé de visiter l'Europe, bien que les rapports avec son foyer d'origine, l'Asie ottomane, se soient toujours multipliés. Nous avons ici la meilleure preuve de la décroissance de la misère, car il y a entre elle et les grandes épidémies une relation reconnue.

Là n'est pas la seule contradiction du socialisme. Il se flatte d'instituer la propriété collective des instruments de travail. Or la consommation immédiate exclut jusqu'à la possibilité de cette propriété. Les instruments de travail que l'on prétend socialiser ont été pour la plupart créés par l'épargne, grâce à la répression des tendances à la consommation immédiate. La société collectiviste suppose donc l'existence antérieure de la société capitaliste, et Marx ne le nie pas. Mais il y a plus. La société capitaliste ne pourrait fonctionner si l'épargne n'y était continue. L'instrument de travail, comme le reconnaît Marx, est lentement détruit par la production ; il faut qu'il soit sans cesse reconstitué. A cela l'épargne pourvoit. La société collectiviste par là même qu'elle est fondée sur la consommation immédiate, ne peut entretenir son outillage, pareille à ces propriétaires imprévoyants qui, faute d'argent, ne peuvent faire réparer la toiture de leur maison.

C'est un singulier spectacle que celui qu'offre notre temps. L'opinion populaire y fait bon accueil à la doctrine qui condamne l'épargne. Pendant ce temps, le flot de l'épargne populaire s'enfle et grossit toujours, comme si le socialisme était un roman auquel on se plairait d'autant plus qu'il différerait davantage du cours réel des choses et en interromprait la monotonie (1).

Mais ceci tuera cela. La petite épargne prend tous les jours davantage la forme de l'assurance sur la vie, de la mutualité et de la consommation coopérative. La solidarité et l'épargne deviennent deux termes indissolubles. Le socialisme entendra sonner sa dernière heure le jour où l'épargne populaire aura compris le sort dont on la menace.

(1) Au moment où j'écris ces lignes, le *Journal officiel* publie un rapport sur la situation de la Caisse des retraites en 1895. La Caisse nationale des retraites a reçu en 1895 1,338,859 versements s'élevant ensemble à 32,638,154 fr.; les chiffres correspondants étaient, en 1894, de 1,041,720 versements et 31,045,337 fr. Il y a donc une augmentation de 297,139 sur le nombre des versements et de 1,592,817 sur les sommes versées.

Le nombre des très petits rentiers est de beaucoup prépondérant. On compte :

1° 133,656 rentiers titulaires de rentes de 51 à 200 fr.; 40 %.

2° 118,462 rentiers titulaires de rentes de 2 à 50 fr.: 35,45 %.

3° 33,468 rentiers titulaires de rentes de 201 à 360 fr.; 9,71 %.

4° 27,458 rentiers titulaires de rentes de 361 à 600 fr.; 8,22 %.

5° 17,527 rentiers titulaires de rentes de 601 à 1,200 fr.; 5,25 %.

6° 4,586 rentiers titulaires de rentes de 1,201 à 1,500 fr.; 1,37 %. — Ceci n'est qu'un fait entre mille autres.

Le socialisme ne se serait pas ainsi répandu si ses racines ne plongeaient dans de vieux préjugés relatifs à l'usure. Ici encore Blanqui nous éclaire sur la psychologie du socialiste quand il écrit sérieusement que « capital est synonyme d'usure ».

La science historique est heureusement capable aujourd'hui de mettre fin à la vieille confusion du capitaliste et de l'usurier. Elle nous montre dans l'usurier du monde romain et du moyen âge un produit non de l'organisation économique, mais de la fiscalité. L'homme que nous peint Saint-Grégoire de Nysse dans un sermon classique ne prête pas à un manufacturier, car alors chacun produit pour son compte; il avance des fonds à un contribuable pressuré. Souvent il acquiert ainsi les biens et éventuellement la personne même de son débiteur. De même l'usurier juif du moyen âge dont Michelet nous fait la saisissante peinture, avance à Jacques Bonhomme la somme qu'exige le roi. L'organisation des compagnies de publicains à Rome, des fermes de l'impôt dans la France monarchique, n'est qu'un développement de l'usure ainsi conçue. Or — nous pourrions le prouver point par point — à mesure que se sont développés le crédit public dans l'ordre politique et le capital dans l'ordre industriel, ces institutions et ces mœurs ont disparu.

Confondre l'usurier et le traitant avec le petit capitaliste est peut-être un moyen d'obtenir des succès oratoires, mais c'est se décerner à soi-même un brevet d'ignorance en fait d'histoire économique.

TROISIÈME PARTIE

Le socialisme et la prévision sociologique

CHAPITRE PREMIER

LE MATÉRIALISME ÉCONOMIQUE ET LA SOCIOLOGIE COMPARÉE

La prétention du socialisme contemporain n'est pas, comme on l'a vu, de créer un état social sans rapport avec le passé ; c'est d'*accoucher* avec ou sans l'emploi de la force une société déjà vivante et que la société actuelle porterait dans son sein (1). En d'autres termes, la théorie socialiste se flatte de subordonner l'action à la prévision et de procéder ainsi avec une véritable rigueur scientifique.

Une discussion scientifique du socialisme doit donc porter sur la valeur de ses prévisions.

Selon Marx, la loi naturelle qui a présidé à la succession des états sociaux aurait été la loi d'accumulation des capitaux ; cette loi déterminerait sous nos yeux de nouveaux effets ; savoir une concen-

(1) Marx : « Une Société ne peut ni dépasser d'un saut ni abolir par des décrets les phases de son développement naturel, mais elle peut abréger la période de la gestation et adoucir les maux de l'enfantement. » Le *Capital*, préface, p. 2.

tration dernière et plus intense qui amènera enfin les capitaux dans les mains de la communauté et créera une société où les instruments de travail ne relèveront plus de la propriété privée.

C'est donc le rapport entre l'accumulation des terres et des capitaux entre les mains d'une classe et la succession des états sociaux historiques qui doit faire l'objet principal de la discussion.

Il n'en résulte pas qu'une telle question puisse être tranchée par l'autorité des historiens. L'histoire est un procédé d'investigation plutôt qu'une science. Elle réunit des matériaux, elle ne les élabore pas. La discussion des prévisions du socialisme appartient non à l'histoire empirique, mais à la sociologie comparative. Cette science applique aux faits sociaux la méthode de l'anatomie comparée et de la linguistique, mais la méthode seulement : elle n'a garde de presser la comparaison des sociétés et des organismes et de la considérer comme apprenant quelque chose par elle-même (1).

Le problème est pour elle de découvrir la cause qui maintient unis les éléments d'une société composée. Y parvenir serait avoir découvert l'essence des gouvernements et les lois profondes de la solidarité.

Les sociétés simples peuvent l'être à des degrés différents ; les plus simples sont celles dont tous les membres sont présumés être unis par la consanguinité. Tels sont les villages hindous (Sumner Maine). Mais un village kabyle formé d'une asso-

(1) Emile Durkheim, *les Règles de la méthode sociologique*, 1 vol. in-12. Paris, Félix Alcan ; de Roberty, *la Sociologie*, 1 vol. de la Bibliothèque scientifique internationale, même éditeur.

ciation de familles indépendantes peut être légitimement lui aussi considéré comme une société
simple (Masqueray). Ce qui la caractérise, c'est
l'unité des sentiments, des habitudes et des
croyances, les émotions et les jugements de la
multitude renforçant les émotions et les jugements
de chacun, surtout si l'on tient compte de l'action
que chaque génération exerce sur la suivante.
Mais on ne peut rendre compte ainsi de la cohésion
et de la durée des groupes qui, comme les nations
contemporaines, peuvent compter non seulement
des centaines, mais encore des milliers de petites
sociétés de ce genre.

Les sociétés composées peuvent être très différentes. Non seulement elles présentent un nombre
plus ou moins grand d'éléments sociaux, mais
elles sont surtout très différemment agrégées.
Une confédération gauloise était déjà une société
composée ; l'empire romain en était une autre ; la
France contemporaine en est une troisième. Les
sociétés composées de l'Orient, la Chine par
exemple, ne ressemblent guère à celles de l'Occident qui ne se ressemblent pas toutes entre elles. La
première tâche du sociologue doit être de classer
ces sociétés, de former des types de plus en
plus généraux, comparables à ceux des zoologistes, des botanistes et des linguistes. Il doit
ensuite chercher comment le type supérieur a
pu résulter d'une transformation du type inférieur.

Est-ce là l'œuvre de Marx ?

C'est en Angleterre qu'ont été recueillies
par lui les observations dont sa loi d'évolution
est la formule. Son histoire de l'accumulation

du capital (1) est avant tout, il le reconnaît (2), l'histoire économique de l'Angleterre moderne. Telle était d'ailleurs la voie suivie par les économistes libéraux. L'Angleterre présente relativement à la plupart des peuples du continent le type le plus avancé de l'organisation iudustrielle. Marx en conclut que l'Angleterre montre aux peuples du continent l'image de leur propre avenir.

Toutefois, une première objection s'élève. La France n'offre pas un développement industriel notablement inférieur à celui de l'Angleterre. La puissance productive y est à bien des égards plutôt supérieure qu'inférieure ; elle est plus complète et plus harmonique. Les différences tiennent moins à l'activité de l'homme qu'à la nature du sol, à la prédominance des richesses minérales en Angleterre, des richesses agricoles en France. Le capital n'est guère moins développé en France qu'au delà de la Manche. Or l'histoire économique de la France depuis la fin du xv⁰ siècle est dans les traits généraux tout autre que celle de sa voisine.

(1) *Le Capital*, 8⁰ section.

(2) « Le physicien, pour se rendre compte des procédés de la nature, ou bien étudie les phénomènes lorsqu'ils se présentent sous la forme la plus accusée et la moins obscurcie par des influences perturbatrices, ou bien il expérimente dans des conditions qui assurent autant que possible la régularité de leur marche. J'étudie dans cet ouvrage *le mode de production capitaliste* et *les rapports de production et d'échange* qui lui correspondent. L'Angleterre est le lieu classique de cette production. Voilà pourquoi j'emprunte à ce pays les faits et les exemples principaux qui servent d'illustration au développement de mes théories... Le pays le plus développé industriellement ne fait que montrer à ceux qui le suivent sur l'échelle industrielle l'image de leur propre avenir. » Préface du *Capital*, p. 10.

Le capital, selon Marx, ne s'accumule dans les mains d'un petit nombre de possesseurs que là où le travail est devenu une marchandise librement offerte, librement achetée. Pour cela il ne suffit pas que le servage ait été aboli, il faut encore qu'un « prolétariat sans feu ni lieu » ait été créé; en d'autres termes que tout lien ait été rompu entre la terre et le cultivateur. Marx observe ce fait en Angleterre, et il n'hésite pas à le généraliser (1).

Mais quiconque est un peu familiarisé avec l'histoire de la société française sait que sa marche a été précisément inverse. Les recherches historiques ont mis fin au préjugé qui faisait dater de la Révolution l'existence de la petite propriété paysanne, elles ont montré que ce fait, beaucoup plus ancien, caractérisait l'histoire sociale de la France et avait rendu la Révolution possible (2). Loin d'avoir été séparées du sol, les populations rurales de la France s'y sont, après l'abolition du servage, plus que jamais attachées, et elles ont acquis, d'abord une tenure perpétuelle, voisine de la propriété, tenure que le mouvement révolutionnaire a convertie en propriété définie.

La première des conditions assignées par Marx à la formation du capital a donc fait défaut en France. La terre y a passé des mains de l'Église et de la noblesse aux mains des petits tenanciers et même des cultivateurs au lieu de passer comme en Angleterre des mains de la noblesse campagnarde (yeomanry) aux mains d'un petit nombre de landlords.

(1) *Le Capital,* 8° section, ch xxvii et xxviii.
(2) Doniol, *la Révolution française et la féodalité.* Paris, Guillaumin, 1874, 1 vol. in-8.

La seconde condition de la capitalisation résiderait, selon Marx dans l'exploitation et le pillage des colonies (1). Nous pouvons en négliger l'examen, car, si elle s'est trouvée réalisée en Angleterre et en Hollande, elle ne l'a visiblement pas été en France. Cette nation n'eut jamais de colonies d'une richesse comparable à celle de l'Angleterre. Elle avait perdu presque toutes les siennes dès le milieu du xviiie siècle. Les guerres de la Révolution et de l'Empire en achevèrent la destruction. Ainsi, dès le commencement du xixe siècle, la capitalisation aurait manqué en France d'un des facteurs que Marx juge indispensables. Or c'est de ce moment qu'en date le grand essor.

En revanche, quel capital l'exploitation et le pillage des colonies les plus riches du monde ont-ils formé en Espagne si on compare ce pays à la France ?

Cette comparaison sommaire des sociétés française et anglaise indique déjà le vice de la méthode de Marx : il ne distingue pas les types sociaux. L'évolution est pour lui une série de moments qui se succéderaient, ici un peu plus tôt, là un peu plus tard, mais sans comporter aucune variation. Mais l'évolution là où l'on peut l'observer avec quelque précision, dans les êtres vivants et dans les langues est inséparable de deux grands faits, la variabilité et l'adaptation aux différents milieux.

La diversité des types sociaux méconnue, la sociologie fait place à une vague philosophie de l'histoire complaisante à tous les systèmes. Une

(1) *Le Capital,* ch. xxxi.

abstraction prématurée remplace l'observation et
la comparaison. On conclut sans preuves d'une
race à une autre, d'un milieu à un autre. On prétend lire l'avenir de l'Europe dans l'histoire présente de l'Angleterre, de même que c'est dans l'organisation des tribus américaines que l'on cherche
l'image des ancêtres de la population européenne.

L'école marxiste est étrangère à la notion scientifique de l'évolution parce qu'elle conçoit le dé
veloppement historique comme uniformément do-
miné par le matérialisme économique. L'histoire
n'aurait qu'une source, les besoins matériels de
l'homme : ils détermineraient les modes de la production et de l'échange qui à leur tour se réfléte-
raient dans un droit et une organisation politique.
C'est ce que l'école nomme » le matérialisme économique de l'histoire (1) ».

Cette hypothèse consiste moins à penser que les
causes économiques ont fait sentir leur action sur
l'ensemble de l'histoire, à attribuer à l'apparition
d'un nouveau facteur économique l'origine d'une
nouvelle phase historique qu'à voir dans l'esprit
humain un simple produit de l'organisation économique. C'est ainsi qu'une vérité banale à force
d'être incontestée s) transforme en un paradoxe
audacieux.

Pour vérifier le matérialisme de l'histoire, Engels, comme nous l'avons dit, a fait appel à la sociologie ethnographique et a pris à son compte les
hypothèses, ingénieuses et fragiles, de l'Américain
Lewis H. Morgan, auteur d'*Ancient Society*, sur

(1) Engels, *Origine de la famille*, etc. Avant-propos. —
Karl Marx et Engels, *Manifeste du parti communiste*, trad.
fr., p. 19 notamment.

les origines de la famille et la dissolution de la communauté primitive (1).

Les fonctions de nutrition et de génération et leurs modes de satisfaction, telles seraient les facteurs suprêmes de l'évolution sociale. Au début les races humaines vivent des produits spontanés de la terre et rien ne gêne la liberté des penchants génésiques. Il en résulte une société caractérisée par le communisme absolu. La partie de l'humanité qui a peuplé l'ancien continent en est sortie en domestiquant le bétail. Par là a cessé l'égalité des deux sexes. Grâce à la constitution d'une propriété héréditairement transmissible, les enfants et les femmes deviennent les biens des propriétaires du bétail, c'est-à-dire des hommes. Le sexe féminin subit alors « la grande défaite historique », dont il ne s'est jamais relevé (2). L'état barbare succède ainsi à l'état sauvage. L'invention de la métallurgie, en rendant possible l'agriculture et l'appropriation du sol, détermine l'inégalité des classes, qu'aggravent l'invention de la monnaie et l'apparition du commerce. Alors on « invente » l'État, gardien des privilèges de la classe possédante (3). De la lutte entre les états résulte l'esclavage transformé peu à peu en servage et en salariat à mesure que l'intérêt des classes possédantes en réclame la modification (4).

Rien de plus simple qu'une telle interprétation ; mais la simplicité n'est pas toujours le signe de

---

(1) Voir à ce sujet notre critique du livre d'Engels dans la *Revue philosophique* d'août 1894.
(2) Engels, *Origine*, ch. ii.
(3) Engels, *ibid.*, pp. 157 et suivantes.
(4) Idem, *ibid.*, *passim*.

la vérité. Ce matérialisme économique de l'histoire est dénué de valeur scientifique, car il exclut jusqu'à la possibilité du fait à expliquer, c'est-à-dire l'agrégation des sociétés simples en sociétés composées.

Le matérialisme est une expression béotienne, anticritique, qu'on s'étonne de rencontrer sous la plume d'hommes qui aspirent à la réputation de savants sérieux. Passons cependant et accordons que ce terme soit synonyme de positivisme et désigne une méthode scientifique interprétant les données de l'histoire à la lumière des faits généraux et constants, c'est-à-dire des propriétés de l'organisme humain.

Tout d'abord, la sociologie d'Engels, calquée sur celle de Lewis H. Morgan, se trouve en défaut si l'on soumet à une comparaison plus exacte le développement social des races américaines et celui des races asiatiques et européennes. Les premières s'étaient développées dans le sens du communisme. L'empire des Incas au Pérou n'était pas moins communiste que la confédération iroquoise observée par Lewis H. Morgan (1). Le communisme s'y exerçait sur une agrégation plus étendue et avec dés rouages plus compliqués. Or les Péruviens possédaient des animaux domestiques, cultivaient le sol, préparaient les métaux. Ces transformations économiques n'avaient pas modifié chez eux la constitution fondamentale de la tribu sauvage. Par là nous avons la preuve que « l'individualisme » des races européennes, la

(1) Letourneau, *l'Évolution de la propriété*, ch. VIII, Paris. Lecrosnier et Babé, 1889. — (Notons que l'auteur est en matière économique un disciple de Marx.)

structure sociale fondée sur la famille paternelle, la propriété du sol, la libre division du travail et le commerce, ne résulte pas des modifications imposées à des tribus antérieurement communistes par la domestication du bétail, la culture du sol, la préparation des métaux et l'invention de la monnaie. La république communiste des Peaux-Rouges contenait en germe le despotisme des Incas. Mais l'évolution sociale ayant été tout autre dans l'ancien continent (où, même dans les empires de l'Orient, on n'observe rien d'équivalent au communisme péruvien), il faut admettre que le point de départ avait été différent. Le type communiste a donc eu une évolution propre, non entravée par le « matérialisme économique », jusqu'au moment où la chute des empires américains au XVIe siècle vint montrer qu'il ne pouvait soutenir la lutte contre le type opposé.

Toutefois, laissons de côté les données ethnographiques et considérons le système en lui-même. N'est-ce pas à la physiologie, notamment à la physiologie cérébrale, qu'il faudra surtout faire appel pour constituer une théorie positive de l'histoire ?

La physiologie a rapproché la génération de la nutrition et nous a disposés à accepter l'idée que la parenté, la consanguinité est en date le premier et le plus simple des faits sociaux. Il n'en résulte nullement que la promiscuité puisse être considérée comme la condition originelle de la génération chez les espèces supérieures ; beaucoup d'animaux y sont étrangers. Les savants qui l'ont placée à l'origine de l'espèce ont, comme le faisait remarquer récemment M. Durkheim, confondu avec elle un état de choses où les liens conjugaux ne sont encore protégés par aucune sanction et peuvent se dissoudre sans que la communauté s'y oppose. Il n'est guère douteux que la famille dite *maternelle* n'ait précédé la famille patriarcale. Hérodote la constatait encore chez les Lyciens (1), peuple très voisin des Grecs par la race. Selon Aristote, le mariage commença chez les anciens Grecs par l'achat de la femme, stade domestique auquel beaucoup de sociétés se sont arrêtées. Mais la famille maternelle et l'achat de la femme n'ont rien de commun avec la promiscuité, c'est-à-dire avec la liberté de l'inceste et du viol. D'ailleurs on est aujourd'hui porté à admettre que dans la famille maternelle ou pour mieux dire *avunculaire*, la femme n'a ni pouvoir ni indépendance, mais est placée ainsi que ses enfants sous l'autorité de ses frères (2). La « grande défaite historique du sexe féminin » n'a donc existé que dans l'imagination d'Engels.

La physiologie nous apprend en outre que les fonctions de nutrition et de génération dépendent chez les animaux supérieurs des fonctions de relation. L'animal et l'homme ne peuvent se nourrir et se reproduire qu'en réagissant sur le monde extérieur. C'est l'énergie de cette réaction qui mesure leur développement. Une conception positive de l'histoire doit donc rejeter au second plan la nutrition et la génération pour ne considérer que la vie de relation. Laissant de côté la vague distinction de l'état sauvage et de l'état

(1) Hérodote, A., 173.
(2) Letourneau. *l'Évolution du mariage et de la famille,* p. 389.

8.

barbare, elle distingue les stades de culture d'après la nature des instruments à l'aide desquels l'homme agit sur le monde extérieur, stade de la pierre taillée, stade de la pierre polie, stade des métaux (1). Ce dernier se subdivise à son tour en stade de l'atelier domestique, stade du régime corporatif et stade du régime de l'entreprise, selon la complexité plus ou moins grande des combinaisons économiques.

Le développement social est donc mesuré par la combinaison des activités nerveuses et musculaires et non par la communauté des jouissances. L'histoire, si on la subordonne à la physiologie, est le tableau du développement de la coopération ou elle n'est rien (2). Par là on est conduit à interpréter la succession des événements d'une façon opposée à celle des marxistes.

La société est d'autant plus réelle que la coopération y joue un rôle plus grand et la parenté un rôle moindre, telle est la conclusion qui se dégage, de la comparaison des sociétés animales aux sociétés humaines et des sociétés humaines les plus anciennes et les plus simples aux sociétés contemporaines. La société est d'autant plus flexible, extensible et progressive que la vie de relation de ses membres est plus développée.

Ceci est implicitement accordé par Engels lui-même. Nonobstant ce tableau enthousiaste qu'il

(1) Voir Littré, *la Science au point de vue philosophique*, pp. 177 et sq.

(2) Nous prions le lecteur de remarquer que nous raisonnons ici dans l'hypothèse des adversaires. Selon nous, l'histoire doit être subordonnée à la psychologie sociale, science ébauchée en Allemagne par Lazarus, mais dont le vrai représentant est M. G. Tarde.

nous fait des Iroquois, il reconnaît que leur organisme social, fondé exclusivement sur la consanguinité et l'indivision, est entièrement assujetti au monde extérieur et que par là même il est condamné à disparaître pour faire place à des sociétés autrement constituées (1).

De là résultent deux conséquences. La première est que la coopération est d'autant plus sociale qu'elle est moins imposée et que la volonté des agents y a plus de part. Plus les inventions et l'initiative des personnes concourent à l'organisation du travail, plus l'action exercée sur le monde physique est intense, plus cette action est réellement collective et profite, en droit et en fait, à tous les membres de la société.

La seconde conséquence est que le développement social correspond chez les individus au développement cérébral, par suite au Moi, à la conscience, à la personnalité. Plus croît par la coopération l'action humaine sur les choses, moins la personnalité est passive à l'égard de la collectivité. L'homme moderne l'est moins que l'homme du moyen âge, celui-ci l'était moins que l'homme des cités antiques, moins surtout que le sujet des empires de l'Orient, ancien ou moderne.

Mais ne sommes-nous pas conduits par là à des prévisions sociologiques précisément opposées à celles des écoles socialistes ?

(1) Engels, *Origine de la famille*, etc., pp. 138 et suivantes.

CHAPITRE II

Le matérialisme économique de l'histoire n'est que l'introduction à une loi des transformations sociales, loi qui domine toute la théorie socialiste et qui, selon ses auteurs, fonde une prévision aussi certaine que celle de l'astronome, la loi d'accumulation.

Selon l'école de Marx, suivie en cela passivement par les disciples de Benoît Malon, les capitaux s'accumulent toujours dans les mêmes mains; donc ils reviendront aux mains de la collectivité comme dans les sociétés primitives. En effet, la puissance politique de la classe capitaliste diminuera à mesure que les capitaux se concentreront entre ses mains. Les petits capitalistes seront rejetés dans le prolétariat en nombre toujours plus grand, ajoutant ainsi leur mécontentement à celui des exploités d'ancienne date. Bientôt une majorité irrésistible donnera le coup de grâce à la production qui laisse à la propriété privée les instruments de travail (1).

Cette loi se déduit chez Marx de la loi de forma-

____

(1) Karl Marx et Engels. *Manifeste du parti communiste,* trad. fr., pp. 10 et suivantes.

tion du capital, et l'expérience est ensuite appelée
à témoigner en sa faveur.

Rappelons que le capital serait de l'argent A
transformé en marchandise M, laquelle est à son
tour transformée en argent avec plus-value A'. Une
seule marchandise se prête à cette opération, c'est
la force de travail, à cause du surtravail qui peut
être extorqué. Il en résulte que capitaliser, c'est
acheter du surtravail et transformer le bénéfice
réalisé sur la vente des produits en une somme
destinée à acheter une quantité nouvelle de force
de travail.

Nous savons quelle critique appelle cette explication des origines du capital, mais serait-elle
vraie que la loi d'accumulation ne pourrait s'en
déduire. L'intelligence d'un enfant découvrirait
bientôt pourquoi.

Selon Marx, le capital est du surtravail accumulé
c'est-à-dire du travail non payé. Dans une journée
de douze heures de travail, deux parts doivent
être faites. En six heures l'ouvrier crée la valeur
qui suffit à l'entretien de sa force de travail; six
autres heures constituent une corvée supplémentaire, dont l'entrepreneur profite. Acceptons provisoirement cette assertion, qu'en résultera-t-il ?

Si la moitié seulement du travail de l'ouvrier lui
est payée, s'il ne reçoit que la valeur de la moitié
de son produit, la totalité des salaires versés aux
travailleurs n'équivaudra qu'à la moitié des valeurs produites; bref, ils ne pourront racheter sur
le marché que la moitié de la production. Les
capitalistes devront donc trouver des débouchés
pour l'autre moitié, sinon ils auront produit en pure
perte. Ce débouché ne pourra leur être ouvert que

par leur classe. Il en résulte qu'avec la diminution du nombre des capitalistes la plus-value du capital diminuerait nécessairement. Le raisonnement sur lequel Marx échafaude la loi d'accumulation renferme une première contradiction.

En voici une seconde. Pour qu'il y ait accumulation, il faut que la plus-value réalisée soit capitalisée ou consacrée à acheter de la force de travail ; il faut que le prix de celle-ci ne s'élève pas, sinon il n'y aura plus de surtravail, mais seulement du travail payé et la condition de la plus-value disparaîtra. Mais qui donc va offrir ce surcroît de force de travail ? Les petits entrepreneurs évincés ? Mais qu'ajoutent-ils au champ d'exploitation dont le capital était censé disposer déjà ? Partant, arrivée à un certain point, l'accumulation doit s'arrêter.

J'accorde qu'un raisonnement ne prouve rien et j'accepte l'appel à l'expérience. L'histoire générale de la propriété peut-elle confirmer le raisonnement de Marx ? Ni lui ni ses disciples n'en doutent, et Marx a trouvé des partisans zélés chez les sociologues ethnographes tels que le Dr Letourneau. Toutefois, une critique exacte voit l'histoire de la propriété et l'accumulation des capitaux en contradiction manifeste.

Cette accumulation suppose en effet, de l'aveu de Marx, que la classe des propriétaires et des capitalistes a en mains un pouvoir de coercition sur les travailleurs et en fait usage. Sans la contrainte et la force, le simple jeu des causes économiques ne suffirait pas à concentrer les capitaux dans un petit nombre de mains.

Tout d'abord, les yeux fixés exclusivement sur

l'Angleterre, Marx constate que sans une « législation sanguinaire », le prolétariat sans feu ni lieu dont les capitalistes ont besoin pour leurs opération n'aurait pas apparu.

« Les différentes méthodes d'accumulation primitive que l'ère capitaliste fait éclore se partagent d'abord, par ordre plus ou moins chronologique, le Portugal, l'Espagne, la Hollande, la France et l'Angleterre, jusqu'à ce que celle-ci les combine toutes, au dernier tiers du xvii° siècle, dans un ensemble systématique embrassant à la fois le régime colonial, le crédit public, la finance moderne et le système protectionniste. Quelques-unes de ces méthodes reposent sur l'emploi de la force brutale, mais toutes, sans exception, exploitent le pouvoir de l'État, la force concentrée et organisée de la société, afin de précipiter violemment le passage de l'ordre économique féodal à l'ordre économique capitaliste et d'abréger les phases de transition. Et en effet la force est l'accoucheuse de toute vieille société en travail, la Force est un agent économique (1). »

Voici le prolétariat créé. L'opération d'où résultent la formation et l'accroissement du capital consiste, selon la doctrine, à imposer journellement à chacun des membres un surtravail, une corvée supplémentaire. Le pouvoir d'imposer la corvée suppose qu'une force coercitive est entre les mains des capitalistes, bref qu'ils détiennent exclusivement l'autorité politique, en d'autres termes que le contrat de louage est une illusion et que l'ouvrier est contraint de donner sans

(1) *Le Capital*, ch. xxxi, p. 336

conditions la moitié ou plus de son travail.

Or ici Marx est en contradiction formelle avec lui-même. Serait-ce donc ironiquement qu'il écrivait : « La sphère de la circulation des marchandises, où s'accomplissent la vente et l'achat de la force de travail, est en réalité un Éden des droits naturels de l'homme et du citoyen. Ce qui y règne seul, c'est Liberté, Égalité, Propriété et Bentham. *Liberté !* car ni l'acheteur ni le vendeur d'une marchandise n'agissent par contrainte ; au contraire, ils ne sont déterminés que par leur libre arbitre. Ils passent contrat ensemble en qualité de personnes libres et possédant les mêmes droits. Le contrat est le libre produit dans lequel leurs volontés se donnent une expression juridique commune. *Égalité !* car ils n'entrent en rapport l'un avec l'autre qu'à titre de possesseur de marchandise, et ils échangent équivalent contre équivalent. *Propriété !* car chacun ne dispose que de ce qui lui appartient. *Bentham !* car pour chacun d'eux il ne s'agit que de lui-même (1). »

L'intention ironique est visible et cependant le sens de la théorie de la valeur nous oblige à penser que Marx parle en partie sérieusement. Le contrat de travail fait disparaître la liberté de l'ouvrier, mais il la suppose au moment où il se forme.

La capitalisation, Marx nous l'apprend, suppose le libre échange ; elle est limitée, entravée, par l'organisation féodale et le régime corporatif (2).

---

(1) *Le Capital*, ch. vi, p. 76. — Notons en passant que Bentham ne mérite nullement d'être pris comme le symbole de l'égoïsme.

(2) *Ibid.*, pp. 72 et 315, 335.

Nous voici au rouet. Point d'accumulation de capitaux si la force de travail n'est pas l'objet d'un commerce libre ; point d'accumulation non plus si l'ouvrier qui la vend n'est pas tenu de la céder au plus bas prix.

Le pénétrant Loria a bien aperçu cette contradiction entre la théorie et les faits. Pour sauver quelque chose des prévisions du socialisme, il a sacrifié la loi d'accumulation et lui a substitué une loi de disparition du revenu. Pour conserver un revenu illégitime le capital, renonçant à l'appui insuffisant de la religion, de la morale et du droit, se décide selon lui à créer et à développer le pouvoir politique. Procédé coûteux ! car il faut multiplier les travailleurs improductifs et leur abandonner une partie du revenu extorqué grâce à eux aux prolétaires, mais procédé sûr ! Le pouvoir assure infailliblement au capital la part du revenu qu'il ne lui arrache pas. En vain les prolétaires s'imaginent-ils par des réformes constitutionnelles s'assurer la protection ou même l'impartialité de l'autorité. Grâce au crédit public, le capital a un gage sûr de la docilité du pouvoir ; la corruption fait le reste (1).

Laissons à M. Loria son étrange explication de la religion et du droit (2). La conception des rapports de la propriété et de la souveraineté mérite plus d'attention, car elle est le soutien indispensable d'une théorie socialiste et l'étai nécessaire du

____

(1) Achille Loria, *les Bases économiques de la constitution sociale*, passim.

(2) Nous prenons la liberté de renvoyer sur ce double point à notre *Origine de l'Idée de droit*, Paris, Thorin et fils, 1892.

marxisme ébranlé par la critique. Marx et Loria ont en commun une idée fondamentale, c'est que la souveraineté politique est un suppôt du capital et de la propriété. Si l'on pouvait concevoir une souveraineté impartiale entre le capital et le travail et assurant la libre discussion du contrat de louage, le surtravail s'évanouirait de lui-même et le socialisme serait inutile.

Or l'histoire de la propriété nous présente deux séries de faits que le prestidigitateur socialiste ne peut faire disparaître à son gré. D'un côté le droit de propriété de l'homme sur la personne humaine est de plus en plus nié et aboli, de l'autre la propriété de l'homme sur les choses est de plus en plus confirmée. La société reconnaît d'abord à l'homme un droit de propriété direct sur l'homme, atténuation vraisemblable d'un cannibalisme primitif. La substitution du servage à l'esclavage l'affaiblit, l'abolition du servage y met fin. Le droit de propriété sur la personne n'est plus dès lors qu'indirect ; il repose sur l'organisation féodale ; d'un côté la juridiction est liée à la grande propriété foncière, de l'autre l'autorité militaire, judiciaire, exécutive est une propriété héréditairement transmissible. La disparition de la féodalité laisse un vestige, le cens électoral ; la démocratie républicaine le fait disparaître.

Si la propriété et l'autorité étaient corrélatives, si la propriété était nécessairement le droit de l'homme sur le travail de son semblable, elle devrait toujours décliner. Or le pouvoir sur les choses est renforcé à mesure que décline le pouvoir sur l'homme. C'est d'abord la propriété foncière qui s'affermit. Marx a fort bien dit que l'histoire romaine est le récit de sa constitution. La société du moyen âge, que la propriété foncière domine tout entière, condamne la propriété mobilière, le prêt à intérêt, en même temps qu'elle légitime le servage et le monopole corporatif; mais dès la fin du xve siècle le prêt à intérêt devient nécessaire et l'on tourne les prescriptions canoniques. Enfin une dernière forme de la propriété réclamait ses garanties, la propriété littéraire ou intellectuelle : l'année 1793 les lui apporte.

Quel est le sens des révolutions sociales et politiques, de ces luttes de classes où le socialisme croit lire une prophétie favorable à ses espérances? La *Politique* d'Aristote le dit déjà, c'est l'effort des pauvres pour partager le pouvoir politique avec les riches. Suivons-les d'âge en âge, nous n'en trouvons pas qui, tout en mettant fin au droit de propriété sur les personnes, n'ait finalement confirmé le droit de propriété sur les choses.

La philosophie de l'histoire, dira-t-on, est un oracle complaisant, mais la statistique tient un autre langage ; elle nous montre les forts mangeant les faibles, les gros capitalistes dévorant les petits. Soit, négligeons le passé et consultons les faits actuels.

L'expérience nous présente un fait bien établi : la formation et le succès des grandes entreprises, notamment des sociétés anonymes ; elles règnent sans conteste dans l'industrie des transports, dans l'industrie minière, dans la raffinerie et la métallurgie ; elles s'emparent peu à peu de l'industrie des tissus et notamment de la filature ; le commerce de détail leur appartient en partie. C'est là un cas particulier, un aspect de la division du travail social.

Le socialisme en induit la disparition des petites entreprises, puis celle des petits capitalistes, enfin l'accroissement du prélèvement opéré par le capital sur le travail. Cette induction, dont la fausseté entraînerait la chute de l'édifice socialiste, est-elle vérifiée ? Pour répondre, nous nous appuierons soit sur des documents officiels incontestés, soit sur le témoignage des écrivains socialistes eux-mêmes.

Dans une œuvre imprimée en l'an IV, Lavoisier classait ainsi la population française, qui comptait alors vingt-cinq millions de sujets (1) :

Population des villes et gros bourgs, non compris les agents de l'agriculture	8.000.000
Laboureurs, fermiers, valets, filles de basse-cour, bergers, hommes, femmes, enfants compris	6.000.000
Journaliers des champs, terrassiers, maçons et autres, vivant aux dépens de l'agriculture eux et leurs familles	4.000.000
Vignerons et leurs familles	1.750.000
Salariés par les vignerons et propriétaires de vignes	800.000
Marchands, cabaretiers, fournisseurs des bourgs et villages, maréchaux, bourreliers, charrons, vivant aux dépens de l'agriculture	1.800.000
Petits propriétaires vivant pour la plus grande partie du produit de leurs fonds	450.000
Matelots, journaliers attachés aux manufactures hors des villes, carriers, mineurs	1.950.000
Armée française	250.000

(1) Lavoisier et Delagrange, *Arithmétique politique*, Paris, an IV.

En 1894, l'Office du travail classait ainsi les professions (1) :

GROUPES PROFESSIONNELS	PATRONS	EMPLOYÉS	OUVRIERS
Agriculture.	3.570.016	75.400	2.890.123
Industrie.	1.021.059	207.222	3.319.207
Transports.	62.501	138.707	245.979
Commerce.	879.969	378.318	480.344
TOTAUX.	5.534.145	799.647	6.935.723

Sans doute ces deux tableaux ne sont pas exactement comparables. On voit toutefois qu'un siècle de capitalisme a plutôt diminué qu'accru le nombre des prolétaires. La petite entreprise l'emporte encore de beaucoup dans l'agriculture et le commerce ; le nombre des petits patrons de l'industrie reste très considérable.

Un écrivain socialiste belge d'une grande autorité, M. Guillaume de Greef, reconnaît que chez nous la petite entreprise agricole soutient sans faiblir la lutte contre le gros capital. Comparant la France à la Belgique, il constate que « le régime propriétaire se maintient mieux » et que les exploitants de notre territoire agricole se répartissaient encore récemment comme il suit :

Propriétaires cultivant par eux-mêmes. 56 p. 100
Fermiers, colons, métayers. 30,09
Vignerons, bûcherons, jardiniers. . . . 13,91 (2).

La formation d'un prolétariat sans feu ni lieu, cette condition préalable de l'accumulation capi-

(1) *Bulletin de l'Office du Travail*, 1894, p. 108.
(2) *Le Transformisme social*, p. 482. Paris, F. Alcan.

taliste, persiste donc à faire défaut chez nous.

Les enquêtes fiscales ont conduit à constater que les Français sont en grande majorité propriétaires de leurs habitations. M. de Foville présentait récemment au comité des travaux historiques du ministère de l'instruction publique un rapport aux termes duquel il résulte que dans les communes de 2,000 âmes et au-dessous qui sont, à proprement parler, les communes rurales, il y a 64 maisons sur 100 occupées par leur propriétaire seul. Pour toute la France, Paris et les autres grandes villes comprises, cette proportion n'est pas inférieure à 56 o/o. « Croirait-on, ajoute M. de Foville, que lors de la nouvelle évaluation de la propriété bâtie, il ne s'est pas rencontré moins de 2,270 communes où la pratique du chacun chez soi est poussée si loin qu'on n'a pu y découvrir une seule maison imposable qui fût louée ! »

Croirons-nous que tout au moins en Angleterre, dans le pays du grand capital, des sociétés anonymes et des sociétés coopératives de toute espèce, le petit commerce disparaisse et le nombre des petits capitalistes décroisse ? Deux statisticiens auteurs, l'un d'un *Dictionnaire de Statistique*, l'autre d'un *Essai sur la finance*, qui font autorité aux yeux des communistes eux-mêmes, vont nous fournir la réponse.

Le dictionnaire de Mulhall constate que le nombre des magasins et boutiques s'est élevé comme il suit :

ANNÉES	NOMBRE DE BOUTIQUES	RENTES EN FRANCS
1875	295.000	357.500.000
1886	366.000	472.000.000
Accroissement en 11 ans.	71.000	115.000.000

D'après l'Essai de Giffen sur la finance, il y a eu, de 1833 à 1882 un accroissement du nombre des propriétaires exprimé par le tableau suivant :

EN	NOMBRE D'HÉRITAGES	VALEUR GÉNÉRALE	PAR CHAQUE PROPRIÉTÉ
1833	25.368	1.372.175.000	54.000
1882	55.350	3.508.000.000	62.000
Accroissement.	29.991	1.135.825.000	8.000

Nous n'apercevons donc pas la moindre trace d'une loi générale d'accumulation. Au contraire, pour l'observateur, deux grands faits correspondent au développement de la grande entreprise : le premier est la constitution de l'épargne populaire, le second est la subordination de l'entreprise à une forme de consommation qui résulte des exigences de la société démocratique.

Le socialisme flétrit et condamne l'épargne populaire ; l'ayant condamnée, il ne s'en inquiète plus. L'épargne n'en poursuit pas moins son œuvre, renversant plus sûrement que les révolutions les barrières des classes. Tout d'abord l'épargne populaire s'empare des titres de la dette publique, et nous n'avons pas en vue seulement les milliards des caisses d'épargne, mais ces petites coupures si multipliées en France et même en Angleterre. De plus la création des grandes entreprises a pour conséquence non de concentrer le capital, mais de le disséminer. Une moyenne ou même une petite entreprise pouvait faire la fortune d'une seule famille : la grande entreprise peut profiter à des centaines de petits capitalistes, soit qu'ils en possédent directement les actions, soit que celles-ci soient acquises par des compagnies d'assurances sur la vie dont ils sont les créanciers.

Le capital, avons-nous dit, ne peut s'accumuler indéfininiment parce que les débouchés viendraient à lui faire défaut. La grande entreprise suppose la consommation populaire et en est la servante. La sociologie comparative en donne une explication lumineuse.

Le succès des grandes entreprises est, selon M. Tarde, un fait contemporain de la formation des nationalités démocratiques et de la multiplication des rapports internationaux, parce que les uns et les autres dérivent d'une même cause, l'affaiblissement de la tradition, une moindre tendance à imiter les ancêtres. L'homme du moyen âge ressemblait à la série de ses ancêtres ; il n'avait pas d'autres goûts, d'autres besoins que les leurs, mais, sauf par les croyances religieuses, il ne ressemblait qu'à un petit nombre de ses contemporains. Chaque société locale avait sa vie propre, ses besoins propres. Dès lors, à quoi eût répondu la grande entreprise ? On construisait des routes, mais sauf les frères prêcheurs, les pèlerins et les marchands de reliques, personne ne les fréquentait. Au contraire, la grande entreprise est devenue possible et nécessaire quand des millions d'hommes ont été assimilés les uns aux autres, ont eu, sans distinction de localité et de classe, les mêmes besoins, les mêmes tendances (1).

Mais ces besoins nouveaux n'ont pas entièrement supplanté les besoins anciens et par suite la grande entreprise n'a pas supplanté la petite, car

(1) Gabriel Tarde, *les Lois de l'imitation*, p. 354, Paris, F. Alcan.

elle n'a pas été partout en concurrence avec elle. L'existence des chemins de fer exclut celle des diligences, mais non celle des loueurs de voiture ; le transatlantique n'exclut pas le bateau de pêche côtier, pas plus que la grande filature ne tue le petit atelier de couture. Les grands journaux des capitales ne peuvent supplanter la presse des petites localités qui satisfait d'autres besoins et d'autres passions, pas plus que la grande culture ne supplante la petite culture maraîchère.

C'est trop démontrer l'évidence. Ces faits autorisent une prévision, et elle est contraire au socialisme : c'est que l'épargne et la consommation populaires se rencontreront sur un terrain commun, la société coopérative de consommation. Sans spoliation, sans « socialisation » arbitraire des moyens de production, la démocratie économique se constituera, et, si Marx avait su vraiment étudier la société anglaise, c'est cet avenir qu'il y aurait lu.

CHAPITRE III

Si la loi d'accumulation était vraie, on serait au premier abord plutôt tenté d'en induire le progrès normal de la ploutocratie que l'avènement du collectivisme. Aussi, le socialisme scientifique fait-il intervenir à l'appui de sa prévision l'histoire du passé politique de l'humanité. L'état social que nous avons sous les yeux résulte d'une scission de la société en classes hostiles. L'histoire n'est que le récit des luttes de classes (1), donc l'organisation du prolétariat international en parti de classe créera la force qui sur les ruines de l'État et du régime capitaliste restaurera l'ancienne société collectiviste dont la confédération iroquoise offrait le modèle.

« A un certain degré du développement économique qui était nécessairement lié à la scission de la société en classes, cette scission fit de l'État une nécessité. Nous nous rapprochons maintenant à grands pas d'un degré de développement de la production où non seulement l'existence de ces

(1) *Manifeste du parti communiste* : I. Bourgeois et prolétaires.

classes a cessé d'être une nécessité, mais où elle devient un obstacle positif à la production. *Les classes disparaîtront aussi fatalement qu'elles ont surgi, et avec elles s'écroulera inévitablement l'État.* La société qui organisera de nouveau la production sur les bases d'une association libre et égalitaire de producteurs transportera toute la machine de l'État là où sera dès lors sa place : dans le musée des antiquités, à côté du rouet et de la hache de bronze (1). »

Engels s'est attaché à montrer que les classes se sont développées avec la division du travail dont les trois moments sont, comme nous le savons, la domestication du bétail, la préparation des métaux suivie de l'agriculture et l'invention de la monnaie. Il en résulte que, si le collectivisme est une théorie conséquente, il ne se réalisera que le jour où la division du travail social aura pris fin. L'avenir de la société ne serait ainsi que le retour au passé le plus lointain. Les grandes sociétés composées, les nations civilisées, ou même des agrégations plus grandes encore rentreraient dans le moule des petites sociétés simples, des hordes sauvages, en admettant que celles-ci aient possédé en commun des moyens de production, point très discutable (2).

C'est ici surtout que le collectivisme est en

----

(1) Engels, *Origine de la famille, de la propriété privée e de l'État*, p. 281.

(2) Les moyens de production sont alors les armes de chasse et de guerre. Or ce sont des propriétés individuelles. La terre est commune, mais précisément elle n'est pas encore un moyen de production. Blanqui avait fort bien aperçu ceci (*Critique sociale.* Le Communisme primitif.)

désaccord avec la sociologie positive la plus élémentaire. Ou la prévision sociologique ne ressemble en rien à la prévision scientifique, ou cette disparition de la division du travail est un non-sens.

Que si le socialisme prévoit l'accord de la division du travail avec l'égalité des classes, il abandonne précisément sa thèse fondamentale : c'est que la production marchande détermine fatalement une lutte de classes qui la détruira.

Nous avons vu plus haut que la division du travail répond à deux grands faits, le premier est l'accroissement du pouvoir de l'humanité sur le monde extérieur, le second est la formation de sociétés composées toujours plus étendues. Notre histoire nationale depuis la période des cités gauloises, à laquelle mit fin là conquête romaine jusqu'à la France du xix⁰ siècle témoigne à elle seule en ce sens. Or, pour prévoir la disparition de la division du travail social, il faut admettre à la fois que l'action de l'industrie humaine sur la nature diminuera et que les nations se décomposeront pour faire place à des sociétés locales toujours plus petites. Or on peut sans doute rêver un tel avenir lorsque l'on croit naïvement à la toute-puissance de la volonté humaine, mais l'on ne peut présenter ce rêve comme une induction scientifique.

Le collectivisme se dit international : il croit possible la formation de sociétés qui seraient aux nations actuelles ce que les nations sont elles-mêmes aux cités de la Gaule, de l'Italie et de la Grèce antiques. Mais à tout progrès de la composition sociale a répondu dans le passé un progrès de la division du travail. Imaginer un collectivisme internationaliste, c'est donc repousser la constance des lois sociologiques (1). Mais alors que devient la prévision ?

Toutefois, l'avenir de la division du travail social n'est pas lié au maintien de l'inégalité des classes. Ici encore le socialisme interprète arbitrairement les faits sociaux les mieux établis.

Le socialisme parle beaucoup des classes, mais il s'abstient de les définir, ou plutôt il semble croire qu'un eul caractère suffit à les distinguer, la richesse plus ou moins grande. Rien de plus superficiel. C'est transporter dans le passé les préoccupations du présent. C'est méconnaître des faits très généraux, capables par leur évidence de s'imposer au parti pris même le plus aveugle.

Consultons ceux qui ont étudié soit l'Asie moderne (2), soit les sociétés anciennes, et nous voyons que deux causes constituent la classe définie — l'hérédité de la condition et de la profession — l'interdiction légale ou morale de se marier en dehors du cercle de la profession.

Que nous observions l'Inde moderne, l'Égypte ancienne, la Cité antique, le Bas-Empire romain, l'Europe au moyen âge, le même fait nous frappe: la condition sociale se transmet héréditairement. On appartient par la naissance à la caste pure ou impure, à la classe des prêtres, des guerriers, des artisans; on est par la naissance es-

(1) Voir Emile Durkheim, *De la division du travail social.* Conclusion.

(2) Notamment: Sir Alfred Lyall, *Asiatic Studies*, traduit en français sous ce titre : *Mœurs religieuses et sociales de l'Extrême Orient*. Paris, Thorin et fils.

clave ou homme libre, client ou patron, serf ou seigneur, patricien ou plébéien, chevalier ou sénateur.

A l'hérédité de la condition répond le plus souvent celle de la profession, là où les professions sont constituées. Sur ce point, nonobstant quelques différences, l'Inde moderne et le Bas-Empire romain se ressemblent d'une façon surprenante. Ici le boulanger, le foulon, l'armurier, etc., doit transmettre sa profession soit à son fils soit à son gendre ; là chaque profession ou subdivision de profession constitue une caste dont les membres ne peuvent sans impiété exercer même temporairement un autre métier.

Les règles du mariage sont le second caractère de la classe. Les vestiges de la classe nobiliaire en Europe nous familiarisent assez avec ce fait. On sait par les poètes grecs et les historiens romains de quelle prévention était l'objet le mariage entre patriciens et plébéiens. De telles unions étaient des crimes contre nature ! Ce point de vue est exactement celui de la société indoue, où il est prescrit aussi impérieusement de se marier dans sa caste que hors de son clan (1). Ces règles sur le mariage donnent à la classe son assiette héréditaire.

D'un autre côté, la différence des classes est attestée extérieurement par un cérémonial compliqué et multiple qui embrasse toute la vie. Les formes du discours, le vêtement, la salutation, les présents, tout consacre aux yeux la prééminence d'une classe sur une autre (2). A l'ouverture des

(1) Lyall, *Asiatic Studies*. Trad. fr. *passim*.
(2) Spencer, *Principes de sociologie*, 4ᵉ partie. Institutions cérémonielles, Paris, F. Alcan.

États généraux en 1789, la noblesse et la cour blessaient encore le Tiers État par leur obstination à maintenir les signes de son infériorité. En 1614, la noblesse s'irritait officiellement de ce que l'orateur du Tiers eût comparé cet ordre au cadet d'une famille : c'était une insulte au sang aristocratique. Dans l'armée anglo-indienne, avant 1857, on voyait souvent l'officier s'incliner respectueusement devant le simple soldat de caste supérieure (1).

Or à ces distinctions de classe correspond dans l'ordre économique l'atelier domestique ou la corporation.

Selon les écoles socialistes, l'entreprise privée amènerait la distinction des bourgeois et des prolétaires, c'est-à-dire l'équivalent des classifications anciennes, reproduites et aggravées. Mais de quelque prévention que la bourgeoisie soit devenue l'objet, il est impossible de juger sérieuse une telle opinion.

La formation et le progrès de la bourgeoisie est de tous les phénomènes sociaux celui dont la description et l'interprétation sont les plus faciles à la sociologie comparative. La bourgeoisie n'existait pas dans les cités classiques non plus que dans la première période du moyen âge ; elle n'a pas apparu en Orient ; elle est encore à peine ébauchée dans l'Europe slave. Elle caractérise la société occidentale depuis le xie siècle au plus tôt. Il est donc aisé de découvrir expérimentalement les conditions de son apparition.

La bourgeoisie ne s'est pas formée dans les so-

(1) Sumner Maine, *Études sur l'histoire de droit*, p. 541. Thorin et fils.

ciétés purement agricoles, telles qu'étaient celles de l'antiquité, telles que sont celles de l'Asie, et à bien des égards celles de l'Europe slave. Elle répond donc au développement de la coopération industrielle et commerciale. C'est là d'ailleurs une vérité banale pleinement reconnue par Marx et Engels (1).

Sans doute, en Orient il existe des centres commerciaux importants, et l'industrie n'y a pas atteint un niveau méprisable. Pourquoi donc la bourgeoisie ne s'y est-elle pas formée? Deux grandes raisons l'expliquent. De la Pologne à l'Indo-Chine, le commerce et le change sont pour ainsi dire monopolisés par des nationalités dispersées et persécutées ; nous les voyons dans l'Europe slave entre les mains des Juifs, entre celles des Arméniens, la Perse et le Turkestan, entre celles des Parsis dans l'Inde. De même le commerce du Sahara est exercé en grande partie par les M'zabites, secte hétérodoxe et vue d'un mauvais œil par les autres musulmans.

Une seconde raison est que l'industrie orientale est surtout une industrie domestique exercée par des familles d'artisans qui se transmettent leur art et leurs secrets.

La bourgeoisie s'est développée dans l'Europe occidentale du même pas que la science positive appliquée. De même qu'elle sort de la coopération, elle répond à l'action croissante de l'homme sur les choses. Considérez les temps et les pays où la bourgeoisie n'apparaît pas, vous trouverez que ce

____

(1) *Manifeste du parti communiste*, tr. fr., pp. 2 et 59.

sont ceux où les sciences positives et leurs méthodes sont inconnues ou repoussées, ceux où
l'enseignement est entre les mains de corporations
sacerdotales soucieuses seulement de recruter
leurs membres et de perpétuer leur influence, à
moins que, comme dans l'antiquité, il soit purement et simplement entre les mains des militaires.
A cet égard, il est fort instructif de comparer l'Europe slave à l'Europe occidentale. Il n'y a, à proprement parler, ni bourgeoisie russe, ni bourgeoisie bulgare ou serbe. Or ces pays sont ceux
où l'esprit scientifique s'est formé le plus tardive-
ment et a le moins agi sur la culture nationale.

La bourgeoisie s'est formée dans les villes ; elle
correspond à la réaction des populations urbaines
contre la prépondérance des grands propriétaires
fonciers. En France, l'histoire distingue les communes et les villes de bourgeoisie, en d'autres termes
la bourgeoisie municipale, investie d'attributions
politiques mais n'ayant de garanties que dans les
limites d'une localité et la bourgeoisie royale,
n'ayant que des droits civils, mais pouvant les
faire protéger dans toute l'étendue du royaume.
Aux Pays-Bas, en Allemagne, en Suisse, en Italie,
bref dans la majeure partie de l'Europe, on n'observe guère que la bourgeoisie municipale. Or,
l'existence des villes et surtout leur prépondérance sociale et politique mesurent le degré et la
qualité de la civilisation.

Ceux qui expliquent l'apparition de la bourgeoisie par le développement du capital prennent
l'effet pour la cause. Il n'a pu se former une
épargne puissante que là où il y a eu une classe
de travailleurs libres préservés de l'arbitraire

et l'exploitation féodale ou fiscale par de sérieuses garanties civiles et politiques.

Si nous considérons la bourgeoisie à sa naissance, nous la voyons sortir de l'association commerciale et du régime corporatif (1). Le bourgeois n'est pas alors un riche suspect de vivre oisivement de ses revenus, c'est un travailleur, un artisan, un homme de métier, qui, à la différence du serf, a conquis sur l'évêque, l'abbé, le seigneur, le droit d'élire ses magistrats, d'être jugé par ses pairs, de contrôler l'usage des taxes qu'il paie, de se protéger par les armes, ou tout au moins d'être jugé dans toutes les villes du royaume par les agents du roi, bourgeois comme lui, et d'échapper ainsi à la juridiction des seigneurs.

Il est donc aisé de voir à quoi répond dans l'évolution sociale le progrès de la bourgeoisie ; il répond précisément à l'effacement des distinctions de classes, à la disparition d'une classification des hommes fondée sur la transmission héréditaire de la profession et consacrée par le mariage.

La bourgeoisie s'est développée historiquement au milieu d'une société que l'hérédité marquait de son empreinte ; elle a donc transigé avec le milieu. De là chez elle deux tendances contradictoires la portant l'une à détruire la noblesse au nom des droits de la capacité individuelle, l'autre à régir le peuple comme classe supérieure. Les révolutions modernes, depuis les crises qui agitaient Florence au xive siècle jusqu'au grand ébranlement de 1848, sont résultées de ces contradictions. Or l'institu-

(1) Luchaire, *les Communes de France, à l'époque des Capétiens directs*, liv. Ier, *ies Associations urbaines*. 1 vol in-8°. Paris, Hachette.

tion du suffrage universel et de l'enseignement populaire ainsi que la dépendance du crédit public à l'égard de la petite épargne ont mis fin décidément à la classe bourgeoise si l'on veut désigner par là un groupe d'hommes qui voulaient éterniser un compromis impossible entre les titres héréditaires et les titres de la capacité personnelle.

Si nous négligeons les accommodements qui s'établirent, de la fin du moyen âge à la période révolutionnaire, entre la bourgeoisie et la féodalité, si nous jugeons la société bourgeoise en la comparant aux sociétés anciennes et aux sociétés de l'Orient, nous voyons que son existence même répond à la prédominance de la capacité sur l'hérédité.

L'existence des classes n'est pas liée inséparablement à la division du travail ; elle correspond au type inférieur de celle-ci. La division du travail n'est favorable à la solidarité que si aucune aptitude n'est contrainte (1) à s'écarter de sa voie. Lors donc que la naissance détermine la profession de chacun et que par suite beaucoup d'aptitudes sont contraintes, la division du travail est imparfaite. Mais par là même que la spécification est une loi de la vie sociale, plus elle progresse, et plus diminue le rôle de l'hérédité et de la contrainte. La civilisation commence sans doute avec l'inégalité des classes, mais, à mesure qu'elle se développe, la capacité individuelle se substitue au titre héréditaire. Dès le moyen âge, le grand pouvoir, le sacerdoce chrétien, cesse d'être héréditaire ; la caste

____

(1) E. Durkheim, *De la Division du travail social*, liv. III, ch. ii, Paris, F. Alcan.

militaire disparaît ensuite ; enfin l'hérédité du pouvoir politique est elle-même menacée.

Or cet affaiblissement des classes répondant au développement de l'entreprise capitaliste, il faut admettre quelque antagonisme caché entre la « production marchande » et la structure héréditaire de la société. Celle-ci est liée au régime de la propriété foncière esclavagiste, c'est-à-dire à l'atelier domestique, dont la corporation n'est qu'une modification. Toutes les causes qui nous ont éloignés de cette organisation économique nous ont éloignés de l'inégalité des classes.

Le trait dominant de l'évolution économique actuelle n'est pas, comme nous l'avons prouvé, la concentration des capitaux, mais l'abaissement des revenus. La sociologie peut donc prévoir l'inévitable disparition de la classe oisive, mais non pas celle de la division du travail social. Mais, si le jeu des causes économiques sufílt à faire disparaître la classe oisive, que signifient une révolution sociale et un parti de classe ? Si la division du travail doit régir la civilisation future plus encore que la civilisation passée, comment prévoir un régime collectiviste ?

CHAPITRE IV

La prévision scientifique des faits sociaux a été jusqu'ici tentée dans quatre voies. On peut rattacher ces quatre tentatives aux noms de Vico, Comte, Spencer et Quételet.

Si l'on assimile une société à une individualité vivante, on comparera les phases de son développement à la succession des âges d'un homme. Après l'enfance, la maturité, la vieillesse, on prévoira donc le retour à l'enfance. Cette conception est la plus naïve qu'on puisse se faire de la prévision sociologique ; c'est celle des *ricorsi*. Dès le XVIIe siècle, Vico l'a rendue célèbre. Elle a été exposée de nouveau en termes sibyllins par Hegel.

Si l'on conçoit la vie sociale comme la succession de générations différentes dont chacune est capable d'acquérir une expérience propre et de la transmettre à la suivante, en sorte que, modifiée par les précédentes, elle modifie à son tour celles qui viennent après elle, on sera conduit à la notion d'un progrès continu. Cette conception est celle de Condorcet (1), et surtout d'Auguste Comte. On sait qu'elle repose sur la loi des trois états, sur

(1) *Tableau historique des progrès de l'esprit humain.* Dixième époque.

l'idée d'un passage naturel et nécessaire qu'effec-
tuerait l'intelligence humaine des conceptions
théologiques aux conceptions métaphysiques et de
celles-ci aux conceptions positives. Cette loi se
refléterait dans toute la civilisation ; elle déterminerait le mode d'action de l'homme sur le monde
extérieur, par suite, l'organisation sociale proprement dite, l'autorité domestique, l'autorité politique, temporelle et spirituelle et la propriété.

La loi des trois états explique avant tout la formation de la connaissance. Certains critiques
contemporains, M. de Roberty et M. Durkheim en
ont conclu que cette loi de développement social
ne repose pas sur une étude des faits sociaux et
est incapable d'en rendre compte. Ce jugement
nous paraît empreint d'une sévérité excessive.

Aux yeux de Comte comme aux yeux de Littré (1),
le fait social par excellence est l'action qu'une génération exerce sur la suivante. L'acquisition de la
connaissance détermine donc le milieu mental
dans lequel se développe chaque génération ; or
c'est là un fait social au premier chef. De plus, de
l'état des connaissances dépend la nature des travaux exécutés sur le monde physique, partant, la
coopération tout entière.

Toutefois, on n'apprécierait pas suffisamment la
sociologie de Comte si on s'en tenait à ces vues.
Selon Comte, l'équilibre de la société ou *l'ordre*
est assuré par la prédominance de la *socialité* sur
la *personnalité*. La socialité est l'ensemble des dispositions qui nous portent à vivre pour autrui.
Elle ne progresse pas par ses propres forces ;

(1) De la condition essentielle qui sépare la sociologie de
la biologie(*Science au point de vue philosophique*,pp. 348 et sq.)

mais plus l'intelligence est développée, mieux elle comprend l'utilité sociale de la moralité, en d'autres termes de la victoire des penchants altruistes sur l'égoïsme. L'homme travaille donc à en assurer le règne par une culture systématique, ébauchée à l'heure actuelle par le catholicisme et que la religion de l'humanité constituera. Le progrès est le développement de l'ordre ; l'ordre est inséparable de la répression des prétentions individuelles.

Au premier abord, la méthode appliquée par Spencer à la prévision sociologique paraît, comme celle-ci, consister à prolonger dans l'avenir la série des transformations observées dans le passé ; en réalité, elle est notablement différente. Chez lui l'idée du progrès social se transforme ; il le conçoit comme une adaptation graduelle de la nature humaine à la coopération volontaire (1).

La vie sociale n'est que la forme supérieure de l'adaptation de l'être vivant à ses conditions d'existence. C'est une adaptation directe ; elle est précédée, chez les espèces inférieures, par une adaptation indirecte qui consiste dans l'élimination des incapables, dans la sélection naturelle, effet de la concurrence vitale. L'adaptation à la vie sociale répond à l'atténuation graduelle de la concurrence vitale ; elle implique le respect de deux grandes conditions d'existence, la loi de famille et la loi d'égale liberté. La loi de famille exige que les enfants reçoivent des secours proportionnels à leur incapacité, sinon l'espèce s'éteindrait en une génération. La loi d'égale liberté exige que nul

(1) Spencer, *Principes de sociologie* (trad. fr.) Paris, Félix Alcan ; *Justice* (trad. fr.), Paris, Guillaumin ; *le Rôle moral de la bienfaisance*, Paris, Guillaumin.

n'empêche son semblable de percevoir les conséquences heureuses de sa nature et de sa conduite,
ou ne l'oblige à supporter les conséquences
malheureuses de la conduite d'autrui ; elle appelle
donc le châtiment des agressions, la réparation
des torts, la sanction publique des contrats.

L'homme est la postérité de bêtes de proie obli-
gées de lutter avec férocité pour la conservation
de leur existence ; de là ses penchants belliqueux.
La guerre a accompagné le développement de la
vie sociale. C'est par la conquête que de petites
sociétés simples ont pu être agrégées en sociétés
plus étendues. Plus on remonte dans le passé
plus on trouve l'homme impropre à la coopération
volontaire et même disposé à laisser à la femme
la charge de l'entretien des enfants.

L'aptitude à s'adapter à une vie sociale plus éle-
vée dépend moins de l'intelligence que du caractère. Elle est lente, mais réelle. La preuve est que
la loi d'égale liberté, aujourd'hui sanctionnée par
une justice pénale régulière, n'a eu longtemps
d'autre sanction que la vendetta.

Cette adaptation des caractères s'explique par
les sanctions naturelles qui frappent les individus
et les groupes mal adaptés. Les tribus sauvages
où la femme était maltraitée à l'excès, où par
suite de ces sévices les enfants ne pouvaient recevoir les secours nécessaires, ont été évincées par
des tribus moins farouches (1). Il nous suffit de
comparer les sociétés de l'Europe à celles de l'Asie,
es sociétés anglaise et américaine à celle de l'Europe continc tale pour voir quelle supériorité est

(1) *Le Rôle moral de la bienfaisance*, § 428.

assurée aux groupes humains qui savent observer, même imparfaitement, les règles de la coopération volontaire. On commet facilement deux erreurs, l'une quand on nie l'aptitude de l'humanité à s'adapter à des formes sociales supérieures aux nôtres, l'autre quand on veut réaliser une société supérieure avec une humanité encore inférieure.

« Quand, mécontent du progrès à petite dose qui seul est définitif, on espère atteindre un état social élevé par une réorganisation immédiate, on sous-entend en fait que les qualités bonnes ou mauvaises de l'esprit humain peuvent subir une modification telle que leurs effets mauvais seront soudain remplacés par des effets heureux. Il n'était pas plus chimérique de croire, au temps jadis, aux merveilles des fées que de croire, comme de nos jours, aux merveilles qu'accomplirait un système social sorti d'un bouleversement (1). »

« La majorité se figure volontiers que la nature humaine est immuable ; d'autres, moins nombreux, s'imaginent qu'elle peut évoluer rapidement. Ils se trompent les uns et les autres. De profondes modifications s'opèrent seulement au cours d'une longue série de générations ; les modifications légères, telles que celles qui distinguent chaque nation, prennent des siècles ; les modifications considérables qui transforment une nature égoïste en nature altruiste exigent des périodes entières dans la vie de l'humanité. Une discipline prolongée de la vie sociale résultant de la jouissance des effets heureux de la soumission aux nécessités sociales et de la souffrance engendrée par la

____

(1) *Le Rôle moral de la bienfaisance.* § 473.

négligence dont on a fait preuve à l'égard de celles-ci est seule capable de mener ces modifications considérables à bon terme (1). »

La statistique morale, dont Quételet est le fondateur, avait conduit à une conception de la prévision sociologique plus rigoureuse à certains égards. Le point de départ du statisticien est la constance des moyennes. Le rapport du nombre des accusés à la population, la distribution régulière des faits criminels entre les sexes, les âges, les saisons ; la proportion des acquittés au nombre total des poursuites ; l'effet contraire que le renchérissement des subsistances exerce sur le nombre des mariages et celui des attentats à la propriété, voilà autant de relations constantes qui autorisent la prévision.

Mais cette première constatation conduit à des vues plus générales. Chaque nation a une distribution propre de la criminalité, du suicide, du mariage, de la natalité. On se tromperait grandement si on induisait de l'Angleterre à l'Espagne, de la France à la Hongrie. Donc les moyennes qu'étudie le statisticien expriment des phénomènes sociaux et non pas des conséquences immédiates de la nature humaine. Quételet fut ainsi conduit à la notion d'un homme moyen qui exprimerait la civilisation. « Un des principaux résultats de la civilisation, écrit-il, est de resserrer de plus en plus les limites dans lesquelles oscillent les différents éléments relatifs à l'homme... La perfectibilité de l'espèce humaine ressort comme une conséquence nécessaire de toutes nos recherches. Les défectuo-

(1) *Le Rôle moral de la bienfaisance*, § 474.

sités, les monstruosités disparaissent de plus er plus au physique; la fréquence et la gravité des maladies se trouvent combattues avec plus d'avan·tages par les progrès des sciences médicales; les qualités morales de l'homme n'éprouvent pas des perfectionnements moins sensibles, et plus nous avancerons, moins les grands bouleversements politiques et les guerres seront à craindre dans leurs effets et dans leurs conséquences (1). »

Cette notion de l'homme moyen a trouvé d'ar·dents censeurs. On a blâmé notamment Quételet d'avoir conclu de l'effacement des originalités au perfectionnement de l'espèce humaine. Le sens de sa théorie est cependant bien clair : la vie en so·ciété suppose une conduite collective à laquelle. bon gré, mal gré, les unités se conforment. Or la civilisation répond au perfectionnement de la cor·duite humaine, non pas sans doute dans le sens de l'absolu, mais dans le sens d'une adaptation à la vie sociale. La raison, c'est que chaque société élimine, inconsciemment ou volontairement, les anomalies et que les groupes sociaux en relation tendent à s'assimiler les uns aux autres.

Donc, de même que d'une année à l'autre, les conditions d'existence restant les mêmes, nous pouvons prévoir le retour des mêmes nombres moyens, de même, si nous embrassons un horizon un peu étendu, nous pouvons prévoir une assimilation des sociétés encore différentes et une adaptation croissante des hommes aux nouvelles conditions d'existence qui en résulteront.

(1) Quételet, *Physique sociale*, Paris, 1867. J.-B. Baillière, t. II, liv. V.

Telles sont les grandes formes de la prévision sociologique. Laquelle choisir ? En d'autres termes, lesquelles éliminer ?

La théorie du retour de la société à son point de départ, la théorie des *ricorsi* appartient à l'enfance de la science sociale. L'attachement des Italiens au souvenir de leur illustre compatriote Vico qui, le premier, dès le xviiᵉ siècle, pressentit la sociologie positive et y rattacha la philosophie du droit, leur a fait illusion sur la faiblesse de cette conception. Il existe deux grandes raisons de la repousser.

Comme l'a écrit le plus original et peut-être le plus profond et le mieux informé des sociologues français, M. Gabriel Tarde, l'histoire n'est pas *réversible* en totalité. L'auteur entend ce mot dans l'acception qui lui est prêtée par les physiciens ; ceux-ci « appellent réversible une machine dont le jeu peut s'opérer indifféremment en deux sens inverses ».

Les lois qui dirigent le développement social « peuvent cesser partiellement ou totalement d'agir, et dans ce cas une société meur t 'une mort partielle ou totale, mais elles ne peuvent pas se renverser... Est-il concevable qu'un grand empire, tel que l'Empire romain de Marc-Aurèle, retourne en arrière, redevienne une république italienne hellénisée par quelque Scipion, puis une république inculte et fanatique dirigée par un Caton l'ancien, puis une petite bourgade barbare organisée par un Numa ? Ou conçoit-on même qu'après avoir passé de la criminalité violente à la criminalité astucieuse et voluptueuse, comme il arrive toujours et échangé ses crimes contre des vices, une société cesse d'être vicieuse pour redevenir austèrement sanguinaire ? On concevrait aussi bien un organisme adulte rétrogradant de la maturité à la jeunesse, de la jeunesse à l'enfance et finissant par rentrer dans l'ovule d'où il est sorti ; ou un astre calciné, tel que la lune, se mettant à parcourir au rebours la série épuisée de ses anciennes périodes géologiques, de ses faunes et de ses flores disparues (1). »

La seconde raison a été récemment donnée par M. Guillaume de Greef : c'est que, si des régressions se manifestent dans la vie sociale, elles sont régies par une loi bien connue de la biologie et de la psychologie physiologique ; loi selon laquelle les acquisitions les plus récentes sont les plus exposées à disparaître (2).

Bien supérieure est la conception de la prévision adoptée par Auguste Comte. Toutefois, l'induction sur laquelle elle se fonde est viciée par une erreur capitale qui affecte à son tour toutes les conclusions pratiques.

Le progrès serait le développement de l'ordre et l'ordre impliquerait la subordination de la personnalité à la « socialité ». Or les faits témoignent en sens inverse. Si l'on demande la notion du progrès à une méthode vraiment comparative, si l'on compare les sociétés de l'Occident à celles de l'Orient et l'Occident moderne à son passé, si, généralisant ces données, on compare les sociétés humaines aux sociétés animales, on voit la personnalité affirmée

(1) Gabriel Tarde, *les Lois de l'imitation*. Paris, Félix Alcan, pp. 413 et 414.
(2) Guillaume de Greef, *le Transformisme social*. Paris, 1895, Félix Alcan, p. 425.

toujours plus complètement en regard de la socialité.

Dans le domaine du droit civil, Sumner Maine, en pratiquant la méthode que nous venons de définir, a montré les relations contractuelles remplaçant les rapports de subordination et d'autorité.

Bagehot, l'histoire et l'ethnographie à la main, montre qu'en politique le progrès consiste dans la substitution de la discussion à la coutume. Les premiers groupes sont agencés par les concours de deux causes, l'imitation et la persécution. Mais le progrès mental uni au perfectionnement de la sociabilité y introduit la discussion du commandement et de la loi. Réciproquement, le régime de la discussion est le grand agent du progrès sous toutes ses formes. Dans le passé, le gouvernement pacifique de grandes communautés telles que la France et l'Angleterre impliquait l'absolutisme et la liberté politique ne se rencontrait que dans de très petits États. Est-il besoin de dire en quel sens s'est faite la transformation ?

La démographie ou biologie collective en donne une explication lumineuse : il y a un rapport constant entre la longévité moyenne et la civilisation. Dans les sociétés barbares, vouées aux épidémies, aux disettes, à la guerre privée et à la guerre étrangère, la mortalité des enfants et des jeunes gens est considérable. Une vieille civilisation, celle de la France par exemple, est caractérisée au contraire par le nombre des vieillards. Une conséquence sociale en découle que Spencer a rigoureusement mise en lumière : l'individu s'habitue à l'idée qu'il recueillera les conséquences de sa conduite personnelle. La responsabilité s'oppose à la solidarité aveugle.

Les prévisions de Spencer ont sur les précédentes une grande supériorité ; elles ne sont en contradiction avec aucune donnée sociologique ; en revanche, elles ne s'appuient que sur une théorie un peu vague des transformations passées de la nature humaine. C'est moins une prévision scientifique qu'une sorte de foi optimiste en l'aptitude de l'homme à s'adapter à la vie sociale.

Ces vues sont fécondes sans doute, mais à la condition d'être confirmées par les données de la statistique morale. L'œuvre de Quételet, d'Œttingen et de leurs émules ne fournit pas au sociologue un appui moindre que celle de Spencer.

L'étude du passé social, telle que l'a comprise Spencer, nous montre que les sociétés composées aujourd'hui vivantes sont des agrégats de sociétés simples jadis aussi différentes les unes des autres que le sont aujourd'hui les nations.

La statistique morale nous apprend que chaque nation a sa criminalité propre, comme elle a sa nuptialité et sa natalité. En Espagne, les homicides sont plus fréquents que les vols, et en revanche les assassinats sont relativement rares, comparés aux meurtres sans préméditation. En Allemagne, les crimes de sang comparés aux vols sont rares ; en revanche, les assassinats sont plus nombreux que les meurtres simples.

L'Espagne comme la France est une vieille nationalité ; aussi ses parties sont-elles très semblables, au moins pour le statisticien. Les diverses parties de l'Allemagne présentent au contraire des différences notables ; ce sont surtout ses provinces polonaises qui tranchent sur l'ensemble par le chiffre élevé des meurtres. Ces différences sont encore plus accusées en Italie et en Autriche. Grand est l'écart entre la Lombardie et la Sicile : on dirait deux pays étrangers (1).

Le progrès social se fait par une assimilation croissante des sociétés simples indépendantes. Cette assimilation répond à une coopération des parties, mais non, comme on l'a prétendu, à une différenciation des classes et des personnes. On peut donc prévoir pour l'avenir des assimilations nouvelles et des formes plus élevées et plus compliquées de la coopération.

Quel jugement devons-nous donc porter sur la valeur des prévisions du socialisme ? Nous pouvons le formuler d'un mot. La forme de prévision adoptée par le socialisme, c'est le « retour intelligent aux formes primitives ». C'est la doctrine des *ricorsi,* en d'autres termes l'enfance même de la science.

Le marxisme, la mieux définie des théories socialistes s'appuie sur une conception matérialiste de l'histoire. Il semblerait dès lors que le collectivisme dût identifier le progrès avec le développement de la civilisation matérielle. Loin de là, le progrès consiste à mettre en question les acquisitions de la civilisation et en premier lieu la division du travail social.

La civilisation est récente, donc temporaire et transitoire, et le retour au communisme sauvage possible. Voilà à quoi se ramène la prévision pour Engels, ici encore écho de Lewis-Morgan (2). Qui ne voit cependant par où pêche un tel raisonne-

(1) E. Ferri, *Atlante Antropologico-Statistico.* Turin, Bocca frères, 1895.
(2) Engels, *Origines de la famille, etc.,* ch. IX.

ment ? La civilisation a commencé, de l'aveu des socialistes, dès qu'une tribu a dompté le buffle ou le chameau. Mais cette invention elle-même en supposait d'autres. En réalité, la civilisation fut ébauchée le jour où le premier silex fut taillé, converti en arme et en outil. L'archéologie préhistorique montre que la civilisation est la mise en œuvre des tendances esthétiques et créatrices de l'homme, de ses penchants constructeurs ; si on n'en trouve pas le germe chez les Iroquois, les Australiens et autres tribus sauvages, c'est qu'on se trompe en y cherchant l'image des ancêtres de l'humanité civilisée.

D'ailleurs, qu'importe l'âge de la civilisation si elle procède d'une cause nécessaire, fatale ? Or cette cause, Engels l'indique involontairement : c'est l'accroissement de la population (1). Une population très clairsemée, telle que celle des Iroquois, peut vivre des fruits spontanés de la terre ; mais, plus une population devient dense, plus elle doit agir sur le monde extérieur, créer, produire, sortir de l'indivision, pratiquer la coopération et en accepter les conséquences sociales, sauf à les modifier peu à peu dans le sens des exigences de la raison.

Donc imaginer que l'humanité sortira de la civilisation pour revenir à un état analogue à l'indivision primitive, c'est admettre que la population décroîtra graduellement, singulière illusion de la part de « matérialistes » !

Une illusion du même genre, quoique autrement formulée, se rencontre chez un autre théo-

(1) Engels, *Origines de la famille*, ch. III, pp. 138, 139.

ricien socialiste du progrès, M. Enrico Ferri.

Comment concilier le collectivisme et les lois du progrès ? Rien de plus aisé, selon lui. D'une part, la concurrence vitale, « tout en restant une loi immanente et assidue, une loi inséparable de la vie et, partant, de l'humanité, se transforme peu à peu dans son contenu et s'atténue dans ses formes » ; d'autre part, « c'est un fait constant que le progrès est un retour intelligent aux institutions sociales, aux formes et aux caractères primitifs ». La pratique de l'anthropologie criminelle et de la statistique morale a trop familiarisé M. Ferri avec les faits sociaux et avec les formes inférieures de la sociabilité pour qu'il puisse commettre les naïvetés d'Engels. Il appartient à une école de criminalistes qui voit dans le criminel contemporain l'image du sauvage préhistorique. La concurrence vitale la plus violente accompagne, il le sait, l'indivision des biens qui caractérise l'état sauvage. Mais il estime qu'avec le déclin de la concurrence vitale l'indivision primitive pourra reparaître dans des conditions nouvelles.

Si nous cherchons le véritable sens de cette théorie, voici ce que nous croyons découvrir :

La société se développe par voie de composition, par l'agrégation des sociétés domestiques et des sociétés locales en cités et en nations ; c'est un cercle dont le rayon grandit sans cesse. Or le groupe étendu tend à se reconstituer sur le type

---

(1) M. Loria n'a pas une autre conception du progrès. « La dernière forme sociale doit présenter le *maximum* de divergence quantitative et d'analogie qualitative avec la forme sociale de l'humanité primitive. » — « Le fleuve humain remonte vers sa source. » (*Bases économiq.*, p. 390.)

du petit groupe primitif. L'humanité sera un jour un seul peuple ; la nation est la cité agrandie comme la cité était la société domestique développée. Les différences de classes, les inégalités, la propriété qui les cause, la civilisation qui les reflète, seraient donc des accidents temporaires. Le règne de la conscience collective, la participation de tous à la vie et à l'œuvre de chacun, la solidarité absolue, la communauté des œuvres et des fruits, telle serait la loi. Un communisme est derrière nous ; un communisme agrandi, modifié, laissant à chacun la jouissance des fruits de son travail, serait devant nous.

On voit que nous revenons à une question déjà vidée, la méconnaissance des différences de la famille et de la société politique, différences déjà si visibles chez les animaux (1).

La civilisation, si sévèrement appréciée par les écrivains socialistes, présente une double tendance ; d'un côté elle donne peu à peu à tous l'usage gratuit des acquisitions intellectuelles de l'humanité, de l'autre elle consacre les titres de la capacité individuelle dont l'épargne et l'art autant que le travail sont les manifestations.

Dans le développement social, il y a un accident, ou pour mieux dire un fait transitoire ; c'est la constitution des classes héréditaires, mais, bien loin d'être le fond de la civilisation, elle en exprime l'aspect le plus bas.

La propriété est-elle inséparable de la distinction des classes et s'effacera-t-elle avec elle ? Oui, s'il s'agit du pouvoir de l'homme sur l'homme. non

(1) Alfred Espinas, *les Sociétés animales,* 4ᵉ section.

s'il s'agit du pouvoir de l'homme sur les choses

Le retour au collectivisme, ce serait le retour dans un groupe étendu à une répartition des richesses fondée sur la loi de famille. Nous pensons avoir épuisé ce débat (1). Notons combien l'erreur qui vicie la conception socialiste du capital altère toute sa conception de la prévision sociale (1).

Non seulement la sociologie positive nous permet de juger les prévisions des théoriciens socialistes, mais elle nous permet de prévoir l'avenir même du socialisme.

Deux inductions ont une probabilité égale — ou le socialisme rencontrera dans toutes les sociétés civilisées une résistance qui croîtra avec ses succès électoraux et finira par le refouler, ou il réussira à prédominer chez quelques peuples et il les tuera pour l'enseignement des autres.

La prévision scientifique sérieuse doit compter avant tout avec la persistance des caractères nationaux. Les socialistes, si portés qu'ils soient à la chimère, ne peuvent espérer effacer en un jour toute différence entre l'Anglais et l'Italien, entre l'Espagnol et l'Allemand, entre le Français et le Suédois, différence écrite en lettres de feu dans les tableaux comparatifs de la statistique criminelle même dressés par un socialiste tel que M. Enrico Ferri. Il est certain que les différentes nations réagiront différemment contre le collectivisme. Supposons qu'il ne trouve pas partout une résistance supérieure à ses forces ; il est sûr qu'il sera expulsé de chez certains peuples et ne se réalisera que très incomplètement chez d'autres. De

(1) Voir 2ᵉ partie, ch. I, du présent volume.

toute façon, il ne mettra pas fin aux luttes internationales, mais il influera à sa façon sur l'issue de ces luttes. Il est aisé de voir en quel sens. Plus une société sera docile aux suggestions socialistes, plus elle se vouera à la défaite, non seulement dans les luttes militaires, mais dans les luttes intellectuelles et économiques. Ainsi prévaudront les lois naturelles du développement social.

CHAPITRE V

RAPPORTS DE LA PRÉVISION ET DE L'APPLICATION
SOCIOLOGIQUES

S'il est impossible au sociologue de concevoir
la prévision des phénomènes comme l'ont fait les
écrivains socialistes, il lui est encore plus difficile
d'accueillir leurs idées sur les rapports de la prévision et de l'application. Les sciences passent
sans doute de l'explication à l'application ou à
l'art, par l'intermédiaire de la prévision, et c'est
ainsi que, selon le mot de Claude Bernard, la
science devient conquérante. Mais le rapport de la
prévision à l'art n'est pas le même pour toutes les
sciences. C'est une vérité qu'Auguste Comte a eu
le mérite de mettre en lumière et dont l'importance semble avoir échappé entièrement à Marx et
à ses successeurs.

La prévision scientifique est d'autant plus
exacte que les faits etudiés sont plus simples. Le
fondement de la prévision, c'est en effet la constance des lois. Prévoir exactement, c'est faire en
quelque sorte abstraction du temps, ainsi que des
changements qu'il peut amener et se représenter
l'avenir comme répétant le passé sans modification. Or, il n'y a de relativement constantes que

les lois des phénomènes élémentaires (1), car les combinaisons sont toujours partiellement instables et le sont d'autant plus que les éléments en sont plus nombreux et plus hétérogènes. Toute combinaison est sujette au devenir. Or si un hégélien inconscient, tel que Marx, croit pouvoir ramener le devenir à des lois nécessaires, il n'en est pas ainsi du savant expérimental. Du moment que disparaît la constance absolue des rapports, l'avenir devient en partie contingent à l'égard du passé, et la prévision cesse d'être rigoureusement exacte.

Au contraire, l'action intelligente de l'homme modifie les phénomènes d'autant plus facilement qu'ils sont plus complexes. *En effet, il n'y a d'artificiellement modifiable que ce qui est spontanément variable.* Or les combinaisons sont instables et les plus instables sont les plus compliquées. Les beaux-arts exceptés, l'action de l'homme se borne partout et toujours à favoriser une dissolution ou une évolution naturelle.

Le rapport des différentes sciences aux différents modes d'action montrerait dans le détail la vérité et l'importance de cette grande loi.

Sans doute la prévision éclaire toujours l'action, et la connaissance scientifique de l'ordre du monde, du déterminisme des phénomènes, est l'opposé du fatalisme. Nous ne pouvons agir qu'à la condition d'avoir distingué le possible de l'impossible. La prévision scientifique, quelle qu'elle

(1) Nous disons qu'elles sont relativement et non absolument constantes, parce que notre expérience seule en est juge, et que l'expérience ne peut prouver la nécessité des lois.

soit,nous permet de faire cette distinction. Cependant la science appliquée doit encore nous être utile à autre chose qu'à économiser nos efforts et à nous interdire de tenter l'impossible. Elle doit nous faire connaître jusque dans leur extrême ténuité, jusque dans leur processus latent,comme disait Bacon, les modifications spontanées des choses. La science aide donc l'action d'autant mieux qu'elle a pour objet des phénomènes plus complexes et moins exactement prévisibles.

En allant du plus au moins exact, on peut distinguer trois types de la prévision scientifique : la prévision astronomique, la prévision biologique et la prévision psychologique et statistique, dont celle du sociologue n'est qu'une extension.

Nous n'avons pas à parler de la première dont on connaît l'exactitude et la puissance. Quant à la prévision en biologie, elle peut porter soit sur la répétition d'un phénomène physiologique normal, soit sur le développement d'un embryon, soit sur la marche d'une maladie. On sait combien dans ce dernier cas, la prévision est incertaine et combien le savant doit s'y contenter de vagues probabilités, sauf quand il est aidé par la statistique et s'appuie sur la loi des grands nombres (1), mais les deux premiers cas donnent lieu à une prévision approximativement certaine.

En revanche, la prévision psychologique et statistique ne dépasse jamais la probabilité. Il faut, en effet, pour l'obtenir, former la représentation

(1) Le médecin sait combien dans telle épidémie il peut, *en moyenne*, sauver de malades, non s'il peut sauver *ce malade*. Il sait *comment* se produit l'issue mortelle, non si elle se produira dans tel cas particulier.

d'un homme moyen, d'un type dans lequel beaucoup de cas particuliers peuvent ne pas rentrer.

Or les phénomènes astronomiques sont entièrement immodifiables. Si, par exemple, pour ne considérer que le plus compliqué de tous, nous avons intérêt à connaître avec exactitude la périodicité des marées, ce n'est pas avec l'espoir de pouvoir jamais en hâter ou en retarder l'échéance. Plus grande sur les phénomènes biologiques, notre action reste cependant fort limitée. Nous pouvons troubler les phénomènes embryologiques et proprement physiologiques, mais rien de plus. En revanche, grâce à l'hygiène, à l'art médical et chirurgical, à l'art vétérinaire, à l'art agricole, nous pouvons, en une certaine mesure, guérir et surtout prévenir les faits pathologiques auxquels les êtres vivants, hommes, plantes, animaux, sont exposés.

Au contraire, la possibilité d'agir sur le développement mental des enfants, sur la marche des phénomènes sociaux est si peu mise en doute, que le rôle de la science a plutôt été jusqu'ici d'ébranler la confiance exagérée de l'homme en l'étendue et en l'efficacité de son pouvoir.

Il est donc illégitime de demander à la sociologie de nous dévoiler exactement les futures transformations sociales, pour nous apprendre à nous y résigner en nous contentant, selon le mot de Marx, « d'abréger les phases de la gestation. » La science doit nous apprendre à subordonner notre action à la connaissance des conditions de l'existence et du développement collectifs, mais elle ne nous enseigne pas une stupide résignation. L'analogie scientifique nous invite au contraire à constituer un art social qui puisse s'interposer entre la connaissance des faits et la formule des règles de l'action.

L'art médical consiste, on le sait, à diriger la restauration spontanée des fonctions vitales, et cette restauration n'est pas autre chose que la conséquence d'une finalité intérieure à l'organisme vivant. Tous les procédés curatifs échouent quand est épuisée la vitalité, quand ont disparu les propriétés vitales immanentes au tissu et en germe dans la cellule mère.

Or l'art social repose sur l'existence d'une finalité interne de même nature ; il consiste à restaurer cette vitalité et à la développer dans des créations qui l'imitent et la reproduisent. Entre l'art médical et l'art social, il y a cependant cette différence, tout à l'avantage du dernier, qu'il ne se borne pas à restaurer un ordre social naturel, mais qu'il travaille à perfectionner des créations instinctives.

L'art social n'est théoriquement que la connaissance synthétique des conditions du perfectionnement des divers éléments de la société ; pratiquement il s'achève en donnant lieu à un système de règles d'action qui, pour la conscience individuelle, deviennent des devoirs impérieux.

Le perfectionnement, ou progrès, n'est que l'aspect conscient et moral de ce que la science nomme développement ou évolution. Le progrès est le développement compris et recherché par des êtres sensibles et raisonnables, capables de connaissance, d'émotion et de délibération. Néanmoins les règles qui président au perfectionnement de la société reposent sur la connaissance,

claire ou confuse, des conditions du développement social spontané, et supposent ces dernières.
Les conditions de l'évolution d'une société ne sont
qu'un aspect de ses conditions de durée ou d'existence. C'est ainsi qu'il y a entre la sociologie
positive et l'art social un lien indissoluble.

C'est ce qu'exprime le mot *solidarité*. Ce terme,
on l'a dit souvent, a l'inquiétant privilège de désigner à la fois un phénomène naturel et une idée
morale. Il est une solidarité qui est donnée dans
la société telle que les forces naturelles et historiques l'ont faite, et il est une solidarité à réaliser
au prix d'un pénible effort sur soi-même et d'une
lutte contre l'égoïsme d'autrui C'est que la solidarité est précisément cette finalité interne que l'art
social doit sans cesse restaurer et perfectionner.
La solidarité naturelle est, d'une part, cet enchaî-
nement des générations, cette action protectrice
et répressive exercée par les adultes sur les jeunes,
cet ensemble de phénomènes qu'Auguste Comte
résumait en ces mots : les morts gouvernent les
vivants ; c'est, d'autre part, la dépendance de l'activité de chacun à l'égard de l'activité de tous, la
réciprocité partielle des services résultant de la
division du travail (1). La solidarité morale est
l'addition, à la responsabilité de chacun, d'une
part de la responsabilité totale qui pèse sur le
grand être collectif formé par la série des générations d'un même peuple et des membres d'un
même état.

(1) Nous disons réciprocité partielle, car vu la survivance de la contrainte dans la division du travail, il s'en
faut que les services soient vraiment réciproques.

On nous objectera que personne n'a entendu parler de cet art social, à moins qu'on n'entende désigner ainsi la législation et la morale qui n'ont aucun rapport avec la sociologie et bien peu avec l'idée de solidarité. La réponse est que la finalité intérieure à la vie collective s'est toujours révélée à la conscience et à la raison des moralistes ainsi qu'à l'expérience des législateurs et des hommes d'État. Un Confucius, un Socrate, un Xénophon, un Aristote, un Marc-Aurèle, un Grotius, en avait la vision parfaitement claire. Il n'en résulte pas que la sociologie n'ait rien à ajouter aux intuitions de la conscience ou aux inductions incomplètes de l'expérience politique.

L'empirisme ne fournit à l'art social qu'un seul moyen d'action, la contrainte, la contrainte pénale que vient suppléer en partie, chez les peuples civilisés, la contrainte fiscale. Ce moyen, la conscience morale collective le ratifie assez volontiers, au moins aussi longtemps qu'elle revêt une forme exclusivement religieuse. Mais une expérience mieux éclairée vient montrer combien la peine est un moyen de perfectionnement inefficace. On peut dire que la première leçon de la statistique morale a été de discréditer la peine en montrant selon les propres paroles de Quételet, avec quelle effrayante régularité nous payons le budget des échafauds et des prisons. On a vu au contraire que si certains crimes tels que l'empoisonnement et le brigandage disparaissent, c'est sous l'action d'une force civilisatrice spontanée, et l'on a conclu à la nécessité de se fier aux substitutifs ou équivalents de la peine.

L'analyse et la synthèse des faits sociaux avaient

révélé aux premiers philosophes grecs qui aient tenté l'une et l'autre un moyen d'action d'une tout autre puissance, auquel la théorie des équivalents de la peine nous ramène : c'est l'éducation. Encore convient-il d'écarter les chimères. L'éducation, complément de l'expérience personnelle et du commerce des hommes (1), n'a pas plus le pouvoir de fabriquer un homme nouveau, soustrait aux conditions d'existence et de développement constatées par l'observation historique, que de recréer l'homme des sociétés disparues. On ne doit pas exiger de l'éducation ce qu'il lui est impossible de donner, et l'utopie pédagogique doit rejoindre les autres.

Il n'est pas utopique cependant d'attendre de l'art éducatif, dont les effets sont susceptibles de s'accumuler de génération en génération, un réel perfectionnement de la nature humaine.

La psychologie nous apprend qu'il y a chez l'enfant un développement spontané, contrarié bien souvent par notre action, mais que notre unique rôle est de diriger et d'aider. Or ce développement tend à faire apparaître une personnalité réfléchie, apte à réagir sur le milieu social, le mettant à profit pour s'en affranchir partiellement. L'art de l'éducation ne peut consister à faire prédominer la socialité sur la personnalité, mais à perfectionner les attributs ou facultés de la personne, c'est-à-dire en instituer l'harmonie et en accroître la puissance.

(1) Voir le développement très complet de cette idée chez Herbart. (*Œuvres pédagogiques*, traduction Pinloche. — Félix Alcan, éditeur.)

Dès lors on voit quel est l'objet de l'art social : c'est d'accorder les exigences de la solidarité et celles de l'éducation, en d'autres termes, c'est de voir dans le perfectionnement de la personnalité humaine le moyen d'accroître ou de restaurer la finalité intérieure à la société. La raison en est que le développement ou évolution de la société ne peut consister dans la subordination croissante ou l'effacement des personnes, mais au contraire dans leur développement moyen. Les attributs élevés de la personnalité ne peuvent d'ailleurs être développés sans que soient réprimées les inspirations dissolvantes de l'égoïsme.

L'éducation telle que nous la concevons ici est d'abord une protection physique de l'enfance ; c'est une préservation morale ; c'est enfin une culture intellectuelle, esthétique, civique, ainsi qu'une préparation professionnelle. C'est une libre initiation à la culture déjà réalisée, en même temps qu'une excitation des tendances originales qui peuvent exister en chacun. Elle ne reconnaît ni la différence des sexes, ni la différence des classes. Elle est au contraire le principal remède à la discontinuité que sans elle engendre inévitablement la division matérielle du travail social.

Le socialisme compte lui aussi sur le pouvoir de l'éducation, néanmoins il la subordonne à sa fin générale et à sa conception propre des rapports de l'application et de la prévision. Cette conception est, notamment chez les collectivistes, disciples de Marx et de Malon, un singulier compromis entre l'utopie du millénaire et la résignation du fataliste. On se résigne à une accumulation fatale des capitaux parce qu'on aperçoit au delà le retour à l'âge d'or, le paradis communiste reconquis. On transforme sans raison le déterminisme scientifique en leçon de fatalisme ; et si l'on se souvient que savoir c'est pouvoir, c'est pour exhumer la vieille utopie de la Grèce et de l'Orient, la cité conventuelle où nul n'a la disposition de lui-même, mais où les besoins élémentaires de chacun sont satisfaits sans efforts et sans risques.

Le socialiste croit se soustraire au reproche d'utopie en rappelant que, selon l'histoire, l'utopie d'aujourd'hui est toujours la réalité de demain. A cela se ramène finalement sa théorie de l'action sociale. Il n'en est pas de plus illusoire. Si le socialiste entendait dire qu'on ne peut agir sans avoir l'aptitude à imaginer un idéal futur, aucun psychologue ne pourrait le contredire. Une certaine forme de l'imagination est indispensable à l'homme d'action. Mais l'imagination pratique, inventive, repousse l'utopie parce que le possible et le réel sont bien distincts pour l'esprit de celui qui la possède ; au contraire, l'utopiste a pour caractère propre une inaptitude absolue à distinguer le possible, non seulement du réel, mais de l'impossible. Or l'office de la prévision scientifique est précisément d'imposer à tous les esprits la vision claire de cette distinction.

CONCLUSION

Si le socialisme est une erreur, faut-il, comme
l'ont pensé d'excellents esprits, opposer, dans le
domaine de l'action, la doctrine de l'individualisme
à ses partisans ? Faut-il dénoncer comme un péril
social la solidarité qui tend à s'établir non seulement entre tous ceux qui vivent d'un travail salarié par l'industrie, l'agriculture et le commerce,
mais encore entre les travailleurs manuels et les
travailleurs intellectuels, solidarité qui, en certains
moments et sur certaines questions, prévaut même
contre les différences nationales ?

S'il s'agit ici, non pas d'énoncer une conviction
personnelle, mais de découvrir un rapport entre
la sociologie et les formules d'action, on ne peut
répondre à ce problème sans avoir élucidé l'idée
même de l'individualisme. C'est, en effet, une
notion complexe et confuse que l'analyse sociologique résoudra peut-être en éléments contradictoires.

L'individualiste n'est bien souvent qu'un esprit
soucieux de généraliser les conditions de la réaction personnelle où il voit, non sans raison, le principe de tout perfectionnement humain. Par là
même il est porté parfois à déprécier à l'excès le
rôle de l'autorité, soit dans l'organisation de la

coopération, soit même dans l'éducation des intelligences, à oublier aussi qu'un droit est une garantie et qu'il n'y a pas de garantie sans une autorité sociale. Cependant il représente et défend une cause assurément légitime.

Mais très souvent aussi on appelle individualiste l'homme qui, selon la profonde observation de Ziégler (1), professe une conception mécanique du monde social et humain, conception qui voue les faibles, les individus mal doués physiquement ou intellectuellement soit à la disparition totale, soit au service des forts et des meilleurs. L'individua lisme ainsi entendu n'est pas autre chose qu'une sorte de darwinisme moral. Celui qui le professe se glisse généralement à la suite du défenseur de la personnalité. Il dénonce aux amis de la justice toute autorité protectrice des faibles comme entachée d'arbitraire. Il a sans cesse à la bouche le progrès qu'il confond avec l'élimination des inhabiles. Volontiers il demanderait la suppression de l'État si une force publique n'était nécessaire pour consolider les avantages sociaux obtenus par les forts et les habiles. Le champion de la personnalité met la justice au-dessus de l'amour ; le champion de la sélection dénonce avec ironie ou colère toute doctrine d'altruisme ou de charité comme retardant l'avènement d'une humanité plus parfaite.

C'est avec raison que Ziégler a montré non seulement la différence, mais la contradiction abso-

____

(1) *La question sociale est une question morale.* (Traduction française), chapitre 1er, p. 19 et suivantes. F. Alcan, éditeur.

lue de ces deux formes du libéralisme. Rien au
fond n'est plus propre à affaiblir la croyance à
l'inviolabilité de la personne qu'une conception
mécanique du monde moral. Un mécanisme économique où les individus ne sont comptés que
comme des forces, qui traite la personne de l'enfant, de la femme, de l'infirme en simples instruments ne peut être qu'un régime de servage et
d'autocratie.

L'individualisme que beaucoup d'économistes
et d'écrivains politiques nous présentent comme
une formule scientifique d'action peut donc se ramener à deux idées. La première, longuement exposée par Benjamin Kidd, est que le progrès social
ne peut avoir d'autre ressort que la concurrence
vitale et par suite l'élimination des faibles ou leur
résignation religieuse (1) ; la seconde est que ni la
liberté personnelle, ni les contrats ne peuvent être
vraiment respectés par la société si l'on ne reconnaît
pas au propriétaire un droit absolu sur sa chose et
si, au nom du droit, toute intervention de la loi entre
le propriétaire d'instruments de travail et le travailleur salarié, quel qu'il soit, n'est pas rigoureusement interdite.

Il nous semble que la biologie et la sociologie
répudient la première de ces thèses et que la
sociologie élève contre la seconde les objections
les plus sérieuses.

Le transformisme est une hypothèse, légitime
à coup sûr, nécessaire peut-être, mais qui perd
tout caractère scientifique dès qu'on perd de vue

(2) B. Kidd, *Social Évolution.* Traduction française.
Guillaumin, Paris.

l'horizon borné de la paléontologie et de l'embryologie. Il est donc bien hasardeux de décider que la concurrence vitale a seule pu déterminer l'évolution, c'est-à-dire la complication graduelle des formes vivantes. Il y a plus. Dès que l'on cherche un rapport entre les variations des organismes et la lutte pour la vie, on s'aperçoit que la régression des fonctions et des organes est aussi souvent, aussi généralement amenée par elle que leur évolution progressive. Le parasitisme est à coup sûr une forme de la concurrence vitale ; or il détermine la régression organique et fonctionnelle du parasite et de sa victime. Au contraire, bien loin que l'aide donnée aux faibles par la société en détermine la régression ou l'arrêt de développement, l'association pour la lutte est, aux yeux de beaucoup de zoologistes une cause générale du succès et de la durée des organismes supérieurs (1).

La concurrence économique aurait-elle dans les sociétés humaines une vertu que la concurrence vitale n'a pas dans le règne animal, celle d'amener partout et toujours le progrès sans qu'aucune régression partielle l'accompagne? Que le progrès des inventions et des combinaisons sociales réponde d'ordinaire à l'intensité de la concurrence, notamment à l'accroissement de la population, on ne le met pas en doute. Cependant la concurrence n'est pas ici la cause, mais l'auxiliaire du progrès; elle détruit, elle affaiblit tout au

(1) Cette vue est adoptée par l'école néo-lamarckiste. Un pur darwiniste, J.-L. de Lanessan, s'en était déjà fait l'interprète. (*La Lutte pour la vie et l'Association pour la lutte.* Octave Doin, éditeur, Paris, 1882.)

moins la force des motifs, des traditions qui con-
duisaient les hommes à y faire échec. Mais le ressort du progrès est dans le jeu des facultés intellectuelles et dans les instincts sociaux. Encore
moins peut-on soutenir que l'effet de la concurrence économique soit toujours de hâter l'avènement d'une humanité mentalement supérieure et
mieux adaptée à la vie sociale. Les études de la
sociologie criminelle ont mis fin définitivement à
ce sophisme.

On sait que les observations faites sur la population des prisons ont concouru avec les travaux
des statisticiens à établir que la forme de criminalité propre aux sociétés de l'Europe centrale et
occidentale (criminalité dite astucieus, par les
sociologues qui ont surtout en vue les procédés
de ceux qui la commettent) est une criminalité en
quelque sorte professionnelle attestée par le chiffre
croissant de la récidive et une criminalité infantile attestée par le nombre croissant des con-
damnés mineurs. Le criminel de profession ou
d'habitude a presque toujours subi une ou plusieurs condamnations avant d'arriver à la majorité
légale. Bref, la récidive et la criminalité infantile
ne sont pas deux faits connexes, mais deux aspects
d'une même perturbation sociale. Or les études
faites sur les jeunes détenus par MM. Raux et
Albanel en France, par Lino Ferriani en Italie,
par Douglas Morrison en Angleterre, par Hugo
Heim en Allemagne, conduisent toutes à la même
conclusion (1). Le jeune malfaiteur est, ou le fils

____

(1) Raux, *Nos jeunes Détenus* ; Lyon, Storck. — Ferriani,
Minorenni delinquenti ; Milan, Kanlorowicz, 1895. — Douglas

d'un condamné, ou un enfant abandonné soit parce qu'il est orphelin, soit parce que ses parents sont séparés ou adonnés à l'alcoolisme. De plus, le jeune malfaiteur doit bien souvent au vagabondage sa première condamnation. Bref, l'abandon de l'enfance, l'alcoolisme et le vagabondage sont les trois grands facteurs de la criminalité contemporaine.

La prostitution et le suicide ne sont pas des faits criminels au sens exact du mot. Certains prétendent même qu'ils neutralisent la criminalité et que plus une nation est éprouvée par le suicide et la prostitution, moins elle souffre de l'homicide et du vol. Cette thèse est à vrai dire, et non sans raison très contestée. Quoi qu'elle puisse valoir, on ne peut douter que l'accroissement constant et rapide de la prostitution et du suicide ne soit un fait social morbide ; or, la statistique morale nous montre que les nations qui souffrent le plus de la criminalité infantile et de la récidive souffrent dans la même proportion du suicide et de la prostitution.

Ce sont là autant de symptômes de dégénerescence sociale ou, si l'on trouve le terme ambitieux et équivoque, ce sont là autant de preuves qu'une partie de la population est atteinte de régression. Or, cette régression est beaucoup plutôt mentale et morale qu'organique. Par exemple, l'élévation

Morrison, *Juvenile Offenders* ; Londres, Fisher Unwin. 1896. — Hugo Heim, *Die jüngsten und die ältesten Verbrecher*. Berlin, Wiegandt et Grieben, 1897. — Albanel, *Étude statistique sur les enfants traduits en justice* ; Paris Marchal et Billard, 1897. Les quatre derniers ouvrages ont été étudiés par nous dans *l'Année sociologique* 1898 et 1899.

du taux de la mortalité est le signe le plus certain
de la misère physiologique, et la mortalité des
enfants de o à 5 ans est le plus important des facteurs de la mortalité générale. Les pays les plus
atteints par la crise morale que nous venons de
décrire (France, Allemagne, Belgique, Autriche,
Pays-Bas, Angleterre, Danemark) sont ceux où le
taux de la mortalité baisse constamment et régu-
lièrement tandis qu'il reste très élevé dans l'Europe
orientale, moralement moins éprouvée (1). La
régression atteint donc beaucoup moins les fonctions organiques, la vitalité de la race que les
attributs émotionnels et intellectuels, l'aptitude
au contrôle de soi-même et aux émotions sociales,
religieuses, esthétiques et intellectuelles.

Quelle est donc la partie de la population qui
est ainsi affectée ? Ce n'est pas, comme le disent
les socialistes, l'ensemble de la classe laborieuse,
mais bien cette partie du prolétariat qui, attirée
des campagnes dans les grandes villes, a contribué
à l'accroissement extraordinairement rapide de
ces dernières. En Allemagne, la population urbaine
qui n'était que de 20 pour 100 au début du siècle
serait aujourd'hui, d'après certaines estimations,
de 70 pour 100.

L'Angleterre présente depuis longtemps le même
phénomène.

La France marche dans le même sens, bien
qu'avec beaucoup plus de lenteur. Sans doute il
est faux, absurde même de représenter la ville

______

(1) D'après les évaluations les plus prudentes, le taux
de la mortalité est pour 1.000 personnes de 36 en Russ'e,
30 en Prusse, 21 en France, 19 en Angleterre, 18 dans les
Pays scandinaves.

comme un milieu où la noblesse de la nature
humaine doive fatalement disparaître puisque la
civilisation et l'évolution mentale qui y répond
sont l'œuvre des villes. Mais si néanmoins c'est le
prolétariat des grandes villes qui fournit le plus
fort contingent à la criminalité professionnelle et
infantile et à la prostitution, sinon au suicide, si
l'ampleur et la gravité de la régression marchent
en quelque sorte *pari passu* avec la rapidité de
l'accroissement, comme le prouve la statistique
criminelle de Berlin (1),il faut bien admettre que
le mal a quelque autre cause que l'action sociale
de la vie urbaine, qui, dans le passé, a plutôt contribué à élever le niveau moral de la nature
humaine.

Cette cause ne peut être que la concurrence
économique illimitée, puisque le phénomène pa-
thologique est la formation d'une classe de parasites. La prostituée, le mendiant, le vagabond, le
voleur, l'escroc, l'usurier, le commerçant fraudeur,
le lanceur d'affaires véreuses et le politicien cor-
rompu sont des parasites qui se tiennent par la
main plus qu'on ne croit et qui constituent, selon
l'énergique expression de Ferriani, une véritable
camorra (2).

En présence des révélations de la sociologie criminelle, il n'est pas possible de soutenir que le
progrès, le perfectionnement de la nature humaine,
l'accroissement de la puissance et de l'harmonie

---

(1) Hirsch, *Verbrechen und Prostitution als soziale Kran-
kheitserscheinungen*, brochure éditée par le Vorwærts,
Berlin, 1897.
(2) Lino Ferriani, *Delinquenti scaltri e fortunati*, parte VI,
Côme, Omarini, 1897.

de nos facultés, soit le fruit nécessaire de la concurrence économique. La concurrence a eu pour conséquences des progrès partiels, notamment la transformation rapide de l'outillage industriel et des procédés commerciaux, par suite une division du travail plus profonde et une action plus intense de l'homme sur les choses. Elle a, en même temps, amené une régression qui compense peut-être et au delà ces progrès. Les effets en sont donc exactement comparables à ceux de la guerre dans les phases anciennes de la vie sociale et à ceux de la concurrence vitale dans le règne animal.

Puisque le passage de la concurrence vitale et de la lutte guerrière à la concurrence économique et à la lutte intellectuelle est l'effet de la coopération, de la procédure, de l'état de droit, bref de la vie en société, il est rationnel de conclure qu'un perfectionnement de l'état social peut corriger les effets actuels de la concurrence économique et remédier, dans la mesure du possible, aux causes de régression.

La concurrence peut produire ses effets utiles sans être illimitée. La concurrence illimitée, c'est le *dérèglement des forces économiques*, conséquence de deux grandes causes historiques, la destruction systématique des associations professionnelles qui, à la fin du xviiie siècle, appelaient seulement une transformation et l'annulation des attributions économiques de l'État jugé à jamais impropre à servir les intérêts généraux de la société, pour l'unique raison que sous l'ancien régime il servait brutalement certains intérêts particuliers.

La société professionnelle est la protectrice naturelle de l'homme, qui doit louer son travail au prix du marché. Elle prévient l'avilissement de la valeur du travail et remédie par là même à la fièvre de la production. Sa reconstitution avec l'appui de la loi (et à la condition que l'unique raison d'y entrer soit la perspective des avantages moraux et économiques attendus de sa protection) est donc la satisfaction d'un impérieux besoin social de ce temps. C'est un remède à la misère morale autant qu'à la misère économique, car la société professionnelle est pour ses membres une école d'altruisme (1). Survivant à chaque génération, elle élargit l'horizon du travailleur et l'empêche de songer exclusivement à lui-même.

L'État est le protecteur naturel de toutes les personnes qui n'ont pas la plénitude des droits civils et qui sont étrangères aux droits politiques. Régler les conditions du travail industriel des femmes et des enfants, en déterminer la durée, est pour l'État un droit, parce que c'est pour la société un devoir. L'État est chargé d'assurer la continuité sociale et, par suite, de protéger la jeune génération contre l'égoïsme et l'imprévoyance de la génération adulte. Or, on ne peut protéger l'enfant sans protéger la femme. L'État est chargé d'assurer le respect des contrats. Il doit donc faire obstacle aux conventions léonines et, par suite, veiller à ce que la femme mariée et le mineur qui, ni l'un ni l'autre n'ont la pleine capacité de s'obliger, ne soient pas lésés quand ils louent leur travail.

L'individualisme ne pourrait pas plus justifier

(1) Durkheim, *le Suicide*. Conclusion, Paris, 1897. F. Alcan, éditeur.

scientifiquement sa conception du droit absolu de propriété que sa théorie du progrès et de la concurrence. La propriété de la terre et des moyens de production n'a de valeur que grâce à la division du travail. Ce n'est pas un moyen de subsistance que l'individu puisse jamais prétendre devoir à ses facultés personnelles. Ce n'est pas davantage une usurpation sur un droit naturel de la communauté humaine. C'est une *fonction sociale* confiée à la prévoyance ainsi qu'à l'ingéniosité de l'individu et garantie spontanément par le consensus social. Le sociologue ne peut concevoir l'idée vague et litigieuse du droit qu'en l'identifiant à l'idée positive des garanties de la justice que l'État doit à l'individu. Les plus essentielles de ces garanties répondent à des revendications spontanées de la personne, revendications qui peuvent être poussées à l'extrême limite sans que la solidarité sociale soit affectée : tels sont le droit à l'intégrité physique, à la liberté de se mouvoir et de se déplacer, à la liberté de penser et de croire. Mais le plus individualiste des sociologues contemporains n'a pu inscrire sans réserves la propriété à côté de ces garanties primordiales (1). La propriété est sans doute une garantie précieuse de la personne, mais c'est aussi un pouvoir exercé indirectement par l'individu sur l'activité collective. Encore convient-il d'accorder ici une valeur relative à la distinction célèbre faite entre le droit de propriété sur les fruits du travail et le droit sur les instruments de travail (2). Absolu, le pre-

(1) Spencer, *Justice*, passim.
(2) Nous n'avons rien à retrancher à la critique que

mier ne l'est pas théoriquement et l'impôt prélève légitimement la part due à la communauté, mais la société peut sans aucune crainte s'en remettre entièrement à la sagesse individuelle du soin d'administrer cette forme de la propriété. Il n'en est pas ainsi de l'appropriation des instruments de travail ; la propriété est ici, dans toute la force du terme, une *fonction sociale*, puisque l'un des deux grands liens sociaux, la coopération contractuelle, dépend de la façon dont elle est administrée. Elle doit donc être socialement réglée d'autant plus qu'elle affecte un plus grand nombre d'existences, de destinées morales et de plus grands intérêts. Aucun principe social n'empêche donc que la grande propriété industrielle et agricole ne soit contrôlée, notamment au point de vue de l'hygiène et des accidents du travail. Sans léser aucun droit véritable, le législateur peut, lorsque la solidarité sociale l'exige, lui imposer de véritables servitudes.

Autant il faut repousser une expropriation matérielle des capitalistes, autant il convient de recommander une *socialisation morale* qui remédie, non pas sans doute à l'inégalité, mais à la discontinuité des intérêts et rende possible une véritable réciprocité des services.

Aussi longtemps que la prévoyance, l'aptitude à épargner a été exceptionnelle, les immunités morales et légales de la propriété capitaliste ont été

---

nous avons faite de cette distinction au chapitre IV de la première partie. Nous pensons qu'il serait impossible d'exproprier la propriété des moyens de production en respectant celle des moyens de consommation. Aussi n'est-ce pas d'expropriation, mais de limitation morale qu'il s'agit ici.

admissibles. Former des capitaux, même en vue d'une jouissance ou d'une domination égoïste, était rendre à la société un service suffisant. Mais à mesure que l'aptitude à la prévoyance s'est généralisée, que la mutualité, l'assurance, bref, l'art de répartir proportionnellement les risques a donné plus de puissance à l'épargne populaire, ces immunités ont perdu leur raison d'être, et dans la conscience commune, la notion des devoirs sociaux du capitaliste a peu à peu remplacé celle de ses droits. Le socialisme diffus de notre temps a dû son succès à la combinaison de cette idée morale avec la vieille utopie de la communauté fraternelle des richesses et l'erreur révolutionnaire qui confond l'égalité et la justice.

On ne saurait triompher du socialisme en lui opposant l'individualisme. Le vrai mot de ralliement de ses adversaires doit être une formule nouvelle et plus large des rapports de l'État et ae la justice, et cette formule doit résulter de l'intelligence des rapports logiques et historiques qui existent entre la solidarité et la coopération volontaire, c'est-à-dire contractuelle et discutée.

Ceux qui réduisent les attributions de l'État à l'administration de la justice, qui lui dénient la faculté d'être bienfaisant et d'adoucir, au profit des incapables, la rigueur des sanctions naturelles peuvent à coup sûr invoquer à l'appui de leur thèse les inductions les plus générales de la sociologie. Mais on ne peut les suivre quand ils prétendent réduire la justice à l'application des sanctions pénales et à l'exécution des obligations conventionnelles.

Le rôle de la justice pénale est en raison inverse

du progrès de la justice sociale, car la formation
du malfaiteur est le signe, la conséquence et en
quelque sorte la sanction de l'imperfection des
rapports sociaux. Toute la sociologie criminelle,
ainsi que le montre Ferri, témoigne en ce sens (1).
Quant à la justice contractuelle, la faire consister dans l'exécution littérale des stipulations,
c'est rester fidèle à la conception romaine du
contrat, véritable survivance de la société barbare, conception d'après laquelle le contrat est
un traité entre belligérants et où la forme, le
cérémonial constitue l'essence du lien de droit (2).
D'après la morale sociale moderne, dont les
codes eux-mêmes se sont faits timidement les in-
terprètes, le contrat doit avoir une cause licite
et cette cause est un service réciproque. *La
réciprocité des services*, telle est donc la vraie
formule de la justice sociale et, par suite, la fin
assignée à la législation et à l'administration de
l'État.

Cette réciprocité des services est immanente à
la forme supérieure de la division du travail, c'est-
à-dire à la coopération volontaire ou discutée,
forme du lien social dont les conséquences sont le
régime du contrat dans l'ordre économique, le
libre examen dans l'ordre intellectuel, la liberté
de conscience dans l'ordre religieux, ainsi que le
gouvernement populaire et représentatif dans
l'ordre politique. C'est en vain qu'on attendrait
la réciprocité des services du simple mécanisme

(1) *La Justice pénale*, brochure. Bruxelles, Veuve Lar-
cier, 1898.
(2) Sumner Maine, *l'Ancien droit*. Traduct. Courcelle
Seneuil, ch. IX.

des échanges et du conflit des intérêts. Le régime du contrat fait disparaître l'égoïsme brutal et dominateur, mais en fortifiant chez l'homme la conscience de la responsabilité individuelle et le souci de l'avenir, il stimule un égoïsme d'une autre nature, égoïsme dont la conséquence est, comme l'ont bien vu les économistes, de chercher à obtenir d'autrui le maximum de services au prix du moindre effort personnel. La réciprocité des services ne peut donc être réalisée que si l'État intervient comme arbitre dans l'arène économique et si, par un système de dispositions légales propres à former des habitudes morales, il se fait contre l'égoïsme le ministre intelligent de la solidarité.

La gratuité de l'enseignement élémentaire, l'assistance gratuite des infirmes et des malades indigents et l'assurance obligatoire en matière d'accidents nous semblent des applications partielles de cette justice sociale.

L'État ne fait qu'obéir à sa nature et réaliser la finalité qui lui est immanente, quand il ajoute à la puissance de l'individu la puissance latente et héréditaire de la vie collective qui est résumée en lui (1). L'individualiste, qui tonne contre les empiétements de l'État et y oppose les avantages de la coopération contractuelle, nous semble ne pas s'entendre lui-même, très comparable au fond au socialiste qui supprime contrat, propriété et

(1) Ceux qui, comme M. P. Leroy-Beaulieu, nous disent qu'il n'y a rien de plus dans l'État que dans la collection des individus qui le composent à un moment de la durée, oublient la division du travail social et la continuité des générations, c'est-à-dire le lien social tout entier.

État au profit d'une communauté imaginaire. L'un et l'autre oublient que la coopération n'a subsisté et ne s'est développée dans l'espèce humaine que parce qu'elle multipliait l'énergie de chacun par l'énergie de tous. Si le socialiste pense accroître l'énergie col'ective en tarissant les sources de l'énergie individuelle, l'individualiste, sans plus de raison, paraît penser que la puissance de l'individu ne peut prendre tout son essor que sur les ruines de la puissance sociale. Mais si les sociétés animales se sont formées, c'est que la puissance des facultés de chacun est accrue par le concours des ...ultés des autres et notamment du chef de bande, et si la coopération s'est compliquée et amplifiée dans l'espèce humaine, c'est que, en devenant en apparence plus dépendante de l'ensemble, la personne est devenue en réalité plus puissante et plus libre.

Si nous donnons le nom de libéraux aux défenseurs d'un régime de libre discussion politique, judiciaire et scientifique et de la coopération contractuelle, nous ne doutons pas que les libéraux n'abandonnent définitivement un jour la doctrine individualiste que leur ont léguée la philosophie du XVIII° siècle, la tradition féodale de l'Angleterre et l'imitation mal entendue de l'Amérique saxonne. D'ailleurs, ils ne pourront se dérober à cette nécessité. En politique, a dit Spencer, leur maître, les *conditions* prévalent toujours sur les *intentions*. Or le régime de la libre discussion, menacé de régression par le développement du militarisme européen, ne peut être défendu si les classes laborieuses en abandonnent la cause. Mais le prolétariat ne pourra être rallié qu'à une conception élargie de la justice, qu'à une forme de l'État libéral qui, en e préservant du parasitisme et de la concurrence illimitée, guérira peu à peu les maux dont le socialisme n'est que la conscience confuse et le remède illusoire.

FIN

TABLE DES MATIÈRES

LICHTENBERGER (A). Le Socialisme utopique, études sur quelques précurseurs du socialisme, 1 vol. in-12. 3 fr. 50
— **Le Socialisme et la Révolution française.** 1 vol. in-8. 5 fr.
MÉTIN (A.). — Le Socialisme en Angleterre. 1 vol. in-12. . . . . 3 fr. 50
RENARD (Georges). — Le régime socialiste. Principes de son organisation politique et économique. 1 vol. in-12, 2ᵉ édition . . . . 2 fr. 50
TARDE (G.). — Les Transformations du droit. 2ᵉ édit., 1 vol. in-12 . . . . 2 fr. 50
— **Les Lois de l'imitation,** étude sociologique, 2ᵉ édit., 1 vol. in-12 . . . . 7 fr. 50
— **La Logique sociale.** 1 vol. in-12, 2ᵉ éd. . . . . . 7 fr. 50
— **Les Lois sociales.** 1 vol. in-12, 2ᵉ éd. . . . . . 2 fr. 50
WEILL. — L'École saint-simonienne, son histoire, son influence jusqu'à nos jours. 1 vol. in-12. . . . 3 fr. 50
ZIEGLER. — La Question sociale est une question morale, 2ᵉ édit., 1 vol in-12 . . . . 2 fr. 50

BIBLIOTHÈQUE GÉNÉRALE

des

SCIENCES SOCIALES

Secrétaire de la rédaction :

DICK MAY, Secrétaire général du Collège libre des Sciences sociales

---

VOLUMES PUBLIÉS

L'Individualisation de la peine, par E. SALEILLES, professeur à la Faculté de droit de l'Université de Paris, précédé d'une préface de M. TARDE.
L'Idéalisme social, par Eugène FOURNIÈRE, député.
Ouvriers du temps passé (xvᵉ xviᵉ siècles), par H. HAUSER, professeur à l'Université de Clermont-Ferrand.
Les Transformations du pouvoir, par G. TARDE.

Chaque volume in-8 carré de 300 pages environ, cartonné à l'anglaise. . . . . 6 fr.

RÉPUBLIQUE FRANÇAISE